굴리굴리 프렌즈

손뜨개 인형

지은이 문주희
펴낸이 정규도
펴낸곳 황금시간

초판 1쇄 발행 2018년 10월 8일

편집 신소연 이초희 권명희
디자인 ALL designgroup
사진 한정선
도안 일러스트 문주희
뜨개법 일러스트 이순영

황금시간 Golden Time
주소 경기도 파주시 문발로 211
전화 (02)736-2031(내선 362, 364)
팩스 (02)6677-7775

출판등록 제406-2007-00002호
공급처 (주)다락원
구입문의 전화 (02)736-2031(내선 250~252)
팩스 (02)732-2037

값 16,000원
ISBN 979-11-87100-62-1 13590

http://www.darakwon.co.kr
• 다락원 홈페이지를 통해 주문하시면 자세한 정보와 함께 다양한 혜택을 받으실 수 있습니다.
• 기타 문의사항은 황금시간 편집부로 연락 주십시오.

굴리굴리 프렌즈

손뜨개 인형

문주희 지음

황금시간

× Prologue ×

유난히 추웠던 겨울과 너무나 더웠던 여름을 보내며 저의 세 번째 책을 여러분께 선보이게 됐어요. 이제 저의 삶을 코바늘과 털실을 빼놓고 이야기할 수 없을 만큼 오랜 시간 동안 손뜨개와 함께하고 있지만, 손뜨개를 하는 시간은 점점 더 즐겁고 행복하답니다.
특히나 이번 책에는 평소에 좋아했던 그림책 '굴리굴리'의 캐릭터를 인형으로 만들게 되어 더 설레고 따뜻한 시간이었어요.

오랜 시간 손뜨개를 하고 있지만, 코바늘을 처음 시작하는 분들의 한결같은 질문은 "어렵지 않아요?", "혼자 시작할 수 있을까요?"인 듯해요. 처음 운전대를 잡자마자 초보운전자가 바로 베스트드라이버가 되지 않듯이 코바늘을 처음 잡은 사람이 바로 예쁜 인형을 만들기는 어려워요. 하지만 차근차근 기법을 익히다 보면 '누구나' 예쁜 인형을 만들 수 있어요.
이번 책은 처음 시작하는 분들이 더욱 보기 쉽게, 전보다 더 자세히, 누구나 만들 수 있는 방법을 많이 담으려고 노력했어요. 그러니 시작을 겁내진 않으셔도 돼요.

이 책을 펼쳐 코바늘과 털실을 잡기 시작하는 순간, 설렘과 행복, 따뜻함을 선물 받으실 거예요. 게다가 손뜨개 인형으로 만들어 내는 굴리굴리 친구들이라니! 벌써부터 심장이 두근두근하지 않나요? 자, 사랑스러운 표정의 알록달록한 친구들을 함께 만들어볼까요?

세모가 동그라미가 될 수 있도록 부족한 나를 채워주고 힘이 되는 가족, 예쁜 책을 만들기 위해 애써주신 신소연 편집자님, 이초희 편집자님, 한정선 사진작가님, 굴리굴리 김현 작가님, 언제나 응원해주시는 수강생분들께 감사한 마음을 전합니다.

문주희

굴리굴리 프렌즈
손뜨개 인형

Contents

CHAPTER 01

굴리굴리 프렌즈 손뜨개 인형 만들기

CHAPTER 02

굴리굴리 프렌즈 소품 만들기

CHAPTER 03

도구와 뜨개 기법

CHAPTER 01

× 굴리굴리 프렌즈 × 손뜨개 인형 만들기

× 데이지 ×

데이지는 굴리굴리 여름 숲에 사는 분홍 아기 돼지입니다.
단짝 친구인 작은 개구리 포비와 함께 지내고 있어요.
데이지는 수줍음이 많고 마음이 여린 편이에요.
포비가 만든 팬케이크와 따뜻한 우유를 좋아해요.

상세 정보

난이도 ★★ 완성 크기 23cm

준비물

실: 분홍색, 검은색, 진분홍색

바늘: 모사용 코바늘 5/0호

기타: 자수실 또는 뜨개실(진분홍색), 펠트지(흰색, 파란색), 돗바늘, 솜, 가위, 목공풀 또는 글루건, 공예용 와이어

사용한 뜨개 기법

사슬뜨기, 짧은뜨기, 짧은뜨기 2코 늘려뜨기, 짧은뜨기 2코 모아뜨기, 짧은뜨기 이랑뜨기, 빼뜨기

팁

얼굴&머리는 30단까지 뜨고 솜을 넣어 모양을 잡은 후에 끝까지 뜬다.

뜨는 순서

얼굴&머리 → 코 → 몸통 → 팔 → 다리 → 귀 → 꼬리

표 보는 법

- 늘림코 = 짧은뜨기 2코 늘려뜨기
- 줄임코 = 짧은뜨기 2코 모아뜨기
- 증감 없음 = 코마다 짧은뜨기 1코씩 뜨기
- 같은 단에서 동일한 뜨기가 반복될 경우 '( )×○회'로 표시
- 짧은뜨기의 기둥코는 사슬뜨기 1코와 같고, 기둥코는 전체 콧수에 포함하지 않는다.

만드는 법

1 도안을 참고해 분홍색 실로 데이지 얼굴&머리를 30단까지 뜨고 솜을 넣는다.

2 34단까지 뜨고 솜을 더 넣어 모양을 잡은 후, 돗바늘로 남은 코를 마무리한다.

3 코 부분을 뜨고 짧은뜨기 이랑뜨기 한 얼굴&머리 4단 위치에 맞춰 놓은 후, 5단의 이랑뜨기 줄에 돗바늘로 꿰맨다.

4 몸통을 뜬 다음 솜을 넣은 후, 돗바늘을 이용해 얼굴&머리 아래쪽에 꿰매 붙인다.

5 도안을 참고해 팔을 뜬 후, 몸통의 윗부분에 와이어를 통과시킨다. 만든 팔을 와이어에 끼우고 돗바늘을 이용해 꿰매 붙인다. 다른 쪽 팔도 동일한 방법으로 꿰매 붙인다.

6 몸통의 아랫부분에 와이어를 '∩' 모양으로 관통시킨다. 와이어의 끝 부분을 구부려 발을 만든다. 다리를 와이어에 끼우고 돗바늘로 꿰매 붙인다. 다른 쪽 발도 동일한 방법으로 꿰매 붙인다.

7 귀를 만들고 돗바늘로 머리 위에 꿰매 붙인다. 반대쪽도 대칭이 되도록 꿰매 붙인다.

8 꼬리를 만들고 돗바늘로 엉덩이 중앙에 꿰맨다.

9 돗바늘에 진분홍색 실을 꿰고, 귀 무늬를 수놓는다.

10 돗바늘에 검은색 실을 꿰고, 입 모양을 수놓는다.

11 흰색과 하늘색 펠트지를 눈 모양으로 잘라 머리에 붙인다.

12 돗바늘에 진분홍색 실을 꿰고 코 앞부분에 코 무늬를 수놓는다.

데이지 만들기

얼굴&머리(분홍색)

사슬뜨기로 5코를 뜬 후, 기둥코(사슬뜨기 1코)를 세워서 1단을 시작한다.

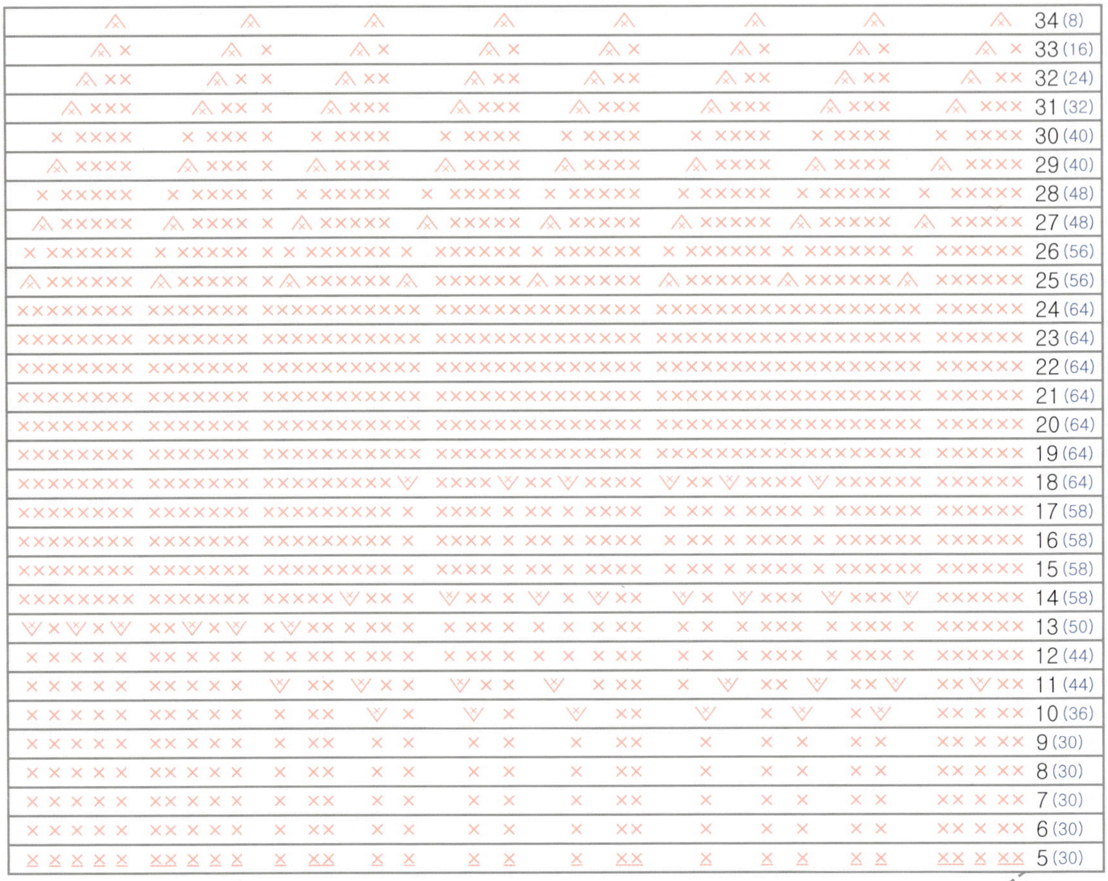

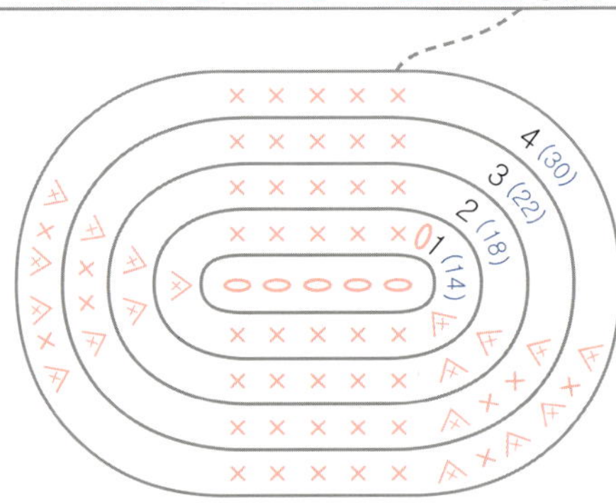

단수	콧수	뜨는 방법
1	14	사슬뜨기 1코(기둥코), (짧은뜨기 5코, 늘림코 1번)×2회
2	18	(짧은뜨기 5코, 늘림코 2번)×2회
3	22	(짧은뜨기 5코, 늘림코 1번, 짧은뜨기 2코, 늘림코 1번)×2회
4	30	(짧은뜨기 5코, 늘림코 1번, 짧은뜨기 1코, 늘림코 2번, 짧은뜨기 1코, 늘림코 1번)×2회
5	30	짧은뜨기 이랑뜨기 30코
6	30	짧은뜨기 30코
7~9	30	증감 없음
10	36	짧은뜨기 5코, (늘림코 1번, 짧은뜨기 1코)×3회, (짧은뜨기 1코, 늘림코 1번)×3회, 짧은뜨기 13코
11	44	(짧은뜨기 2코, 늘림코 1번)×4회, 짧은뜨기 4코, (늘림코 1번, 짧은뜨기 2코)×4회, 짧은뜨기 8코
12	44	증감 없음
13	50	짧은뜨기 32코, (늘림코 1번, 짧은뜨기 1코)×3회, (짧은뜨기 1코, 늘림코 1번)×3회
14	58	짧은뜨기 6코, (늘림코 1번, 짧은뜨기 3코)×2회, (늘림코 1번, 짧은뜨기 1코)×2회, (짧은뜨기 1코, 늘림코 1번)×2회, (짧은뜨기 3코, 늘림코 1번)×2회, 짧은뜨기 20코
15~17	58	증감 없음
18	64	짧은뜨기 12코, (늘림코 1번, 짧은뜨기 4코, 늘림코 1번, 짧은뜨기 2코)×3회, 짧은뜨기 22코
19~24	64	증감 없음
25	56	(짧은뜨기 6코, 줄임코 1번)×8회
26	56	증감 없음
27	48	(짧은뜨기 5코, 줄임코 1번)×8회
28	48	증감 없음
29	40	(짧은뜨기 4코, 줄임코 1번)×8회
30	40	증감 없음
31	32	(짧은뜨기 3코, 줄임코 1번)×8회
32	24	(짧은뜨기 2코, 줄임코 1번)×8회
33	16	(짧은뜨기 1코, 줄임코 1번)×8회
34	8	(줄임코 1번)×8회

머리 마무리 방법

얼굴&머리를 1단부터 30단까지 도안대로 뜨고 솜을 넣는다.

31단에서 34단까지 뜨고 솜을 더 넣어 모양을 잡는다.

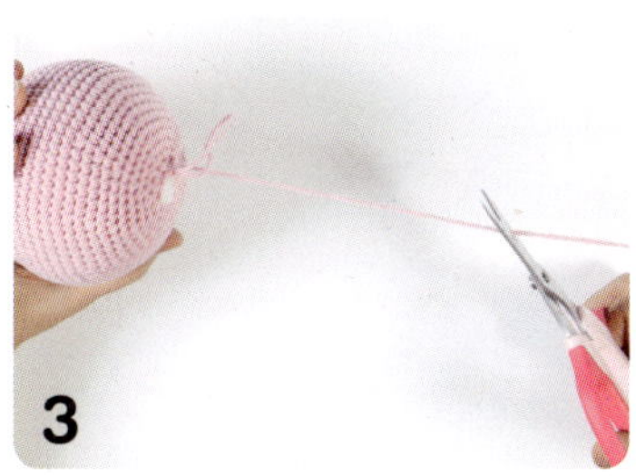

20cm 정도 실을 남긴 후 가위로 자른다.

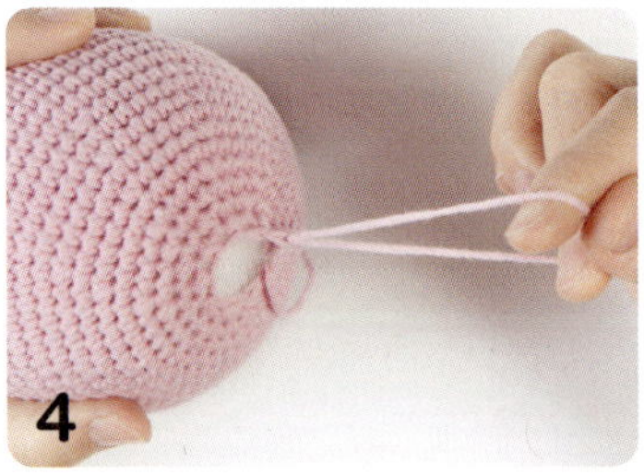

4

코바늘이 걸려있던 실을 위쪽으로 쭉 올려 남은 실을 모두 빼낸다.

5

남긴 실을 돗바늘에 끼운다. 34단까지 뜨면 총 8코가 남는데 사진과 같이 1번째 코부터 바깥쪽에서 안쪽으로 돗바늘을 넣고 바깥쪽으로 빼낸다.

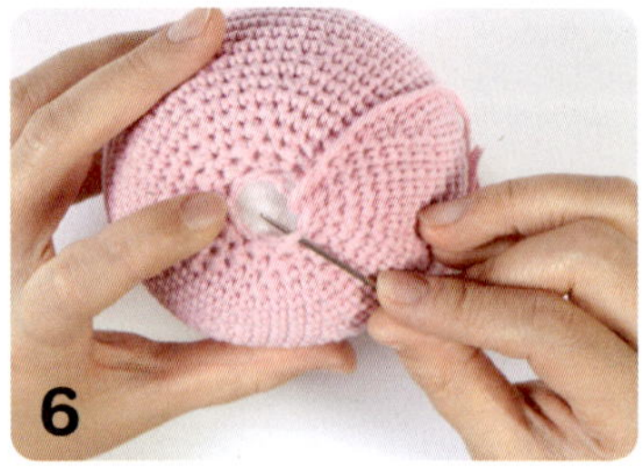

6

2번째 코에도 돗바늘을 넣는다.

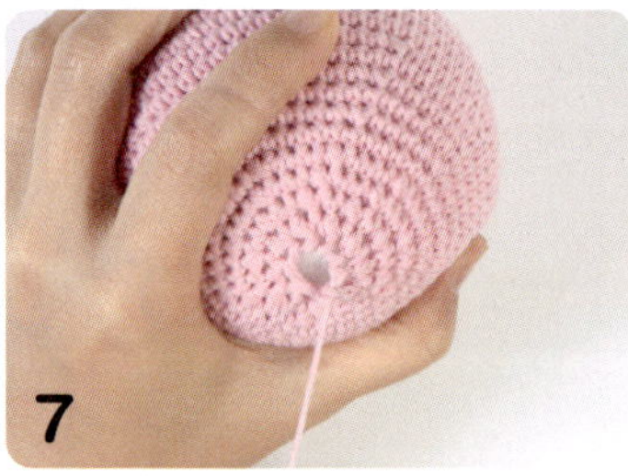

7

3번째부터 8번째 코까지 돗바늘을 모두 통과시킨 후, 돗바늘이 지나온 방향으로 실을 당기면 구멍이 오므라든다.

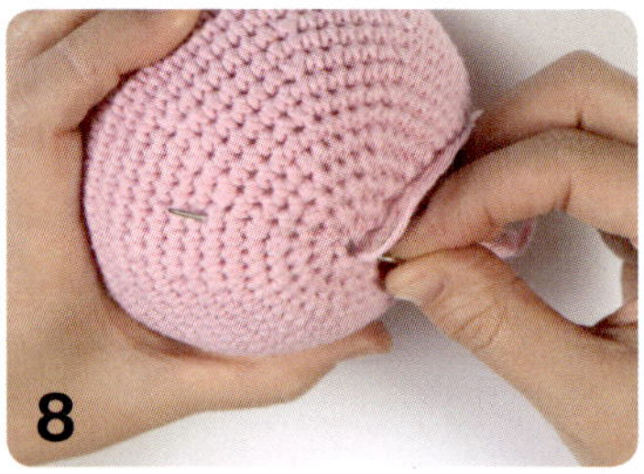

8

다음 코에 돗바늘을 넣은 후, 다른 코와 코 사이로 돗바늘을 뺀다.

9

돗바늘을 빼내며 실을 잡아당기면 뒤통수의 구멍이 깔끔하게 메워진다.

10

바느질 후에 매듭을 짓듯이 바짝 매듭을 만든다.

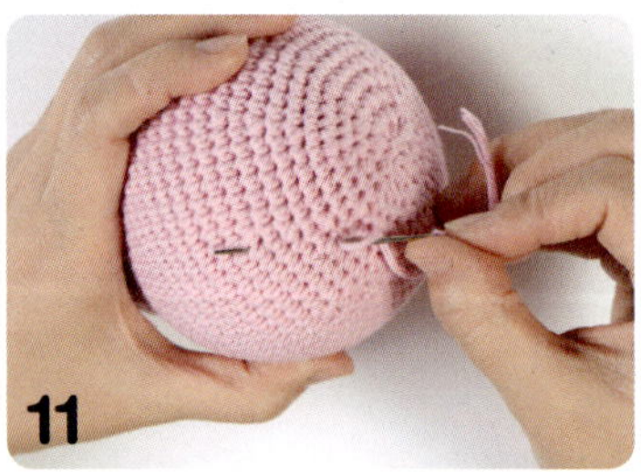

11

돗바늘을 빼낸 자리로 다시 넣고, 솜 사이를 통과시키며 다른 코로 빼낸다. 이 과정을 3~4번 정도 반복하면 남은 실이 바깥으로 빠져나오지 않는다.

12

남은 실을 살짝 당긴 후 가위로 바짝 자른다.

몸통(분홍색)

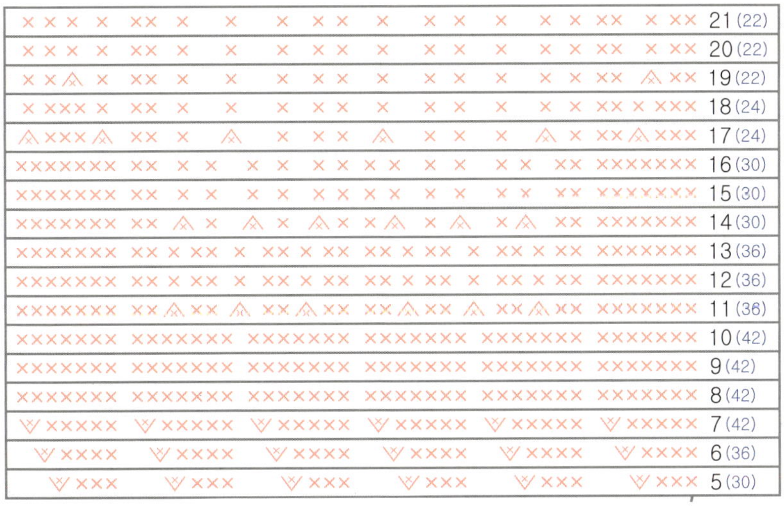

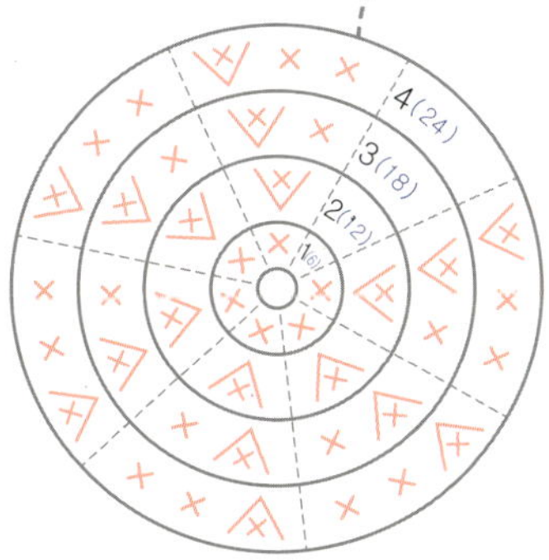

단수	콧수	뜨는 방법
1	6	짧은뜨기 6코
2	12	늘림코 6번
3	18	(짧은뜨기 1코, 늘림코 1번)×6회
4	24	(짧은뜨기 2코, 늘림코 1번)×6회
5	30	(짧은뜨기 3코, 늘림코 1번)×6회
6	36	(짧은뜨기 4코, 늘림코 1번)×6회
7	42	(짧은뜨기 5코, 늘림코 1번)×6회
8~10	42	증감 없음
11	36	짧은뜨기 9코, (줄임코 1번, 짧은뜨기 2코)×3회, (짧은뜨기 2코, 줄임코 1번)×3회, 짧은뜨기 9코
12~13	36	증감 없음
14	30	짧은뜨기 9코, (줄임코 1번, 짧은뜨기 1코)×3회, (짧은뜨기 1코, 줄임코 1번)×3회, 짧은뜨기 9코
15~16	30	증감 없음
17	24	(짧은뜨기 3코, 줄임코 1번)×6회
18	24	증감 없음
19	22	짧은뜨기 2코, 줄임코 1번, 짧은뜨기 16코, 줄임코 1번, 짧은뜨기 2코
20~21	22	증감 없음. 40cm 정도 여유를 두고 실을 자른다.

팔(분홍색) 2개

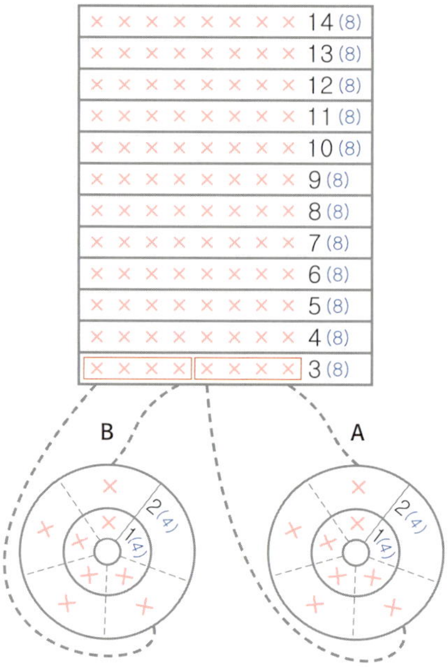

단수	콧수	뜨는 방법
1~2	4	짧은뜨기 4코 A와 B를 각각 뜬 후, 두 개를 연결해서 3단을 뜬다.
3~14	8	짧은뜨기 8코(증감 없음) 40cm 정도 여유를 두고 실을 자른다.

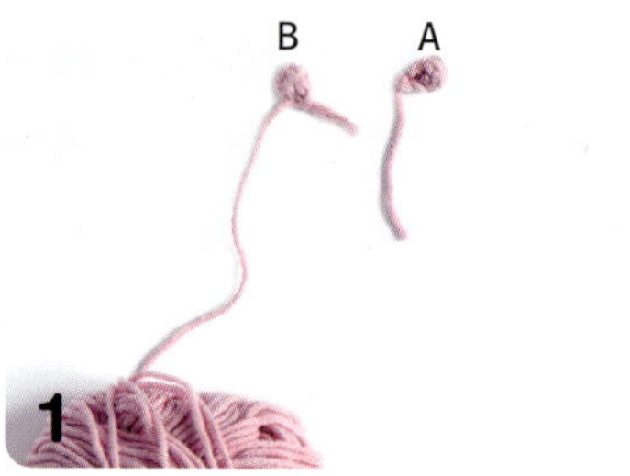

A를 도안대로 뜨고 실을 5cm 정도 남겨서 자르고, B는 도안대로 뜬 후 실을 자르지 않고 연결된 채로 둔다.

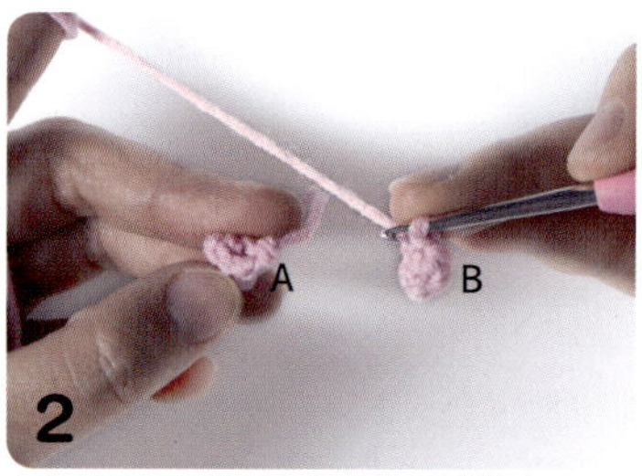

B의 코에 코바늘을 넣고 왼손의 엄지와 중지로 A를 잡는다.

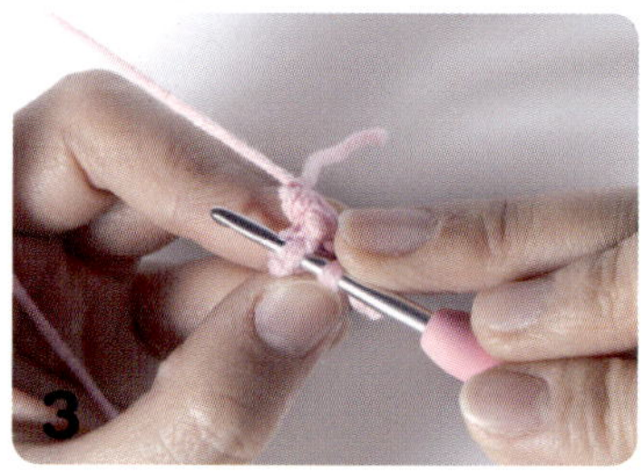

A부분의 다음 코에 코바늘을 넣는다.

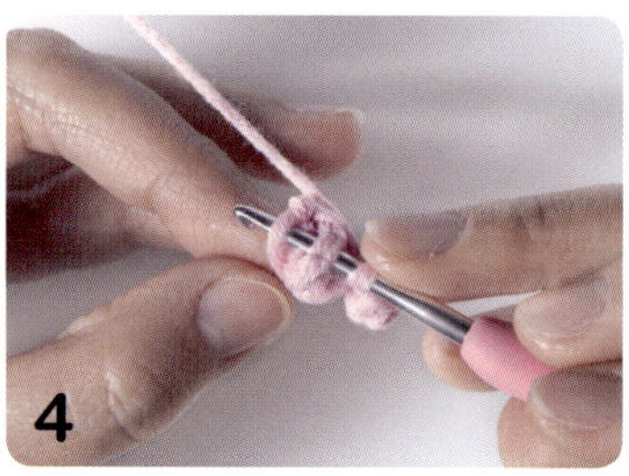

이때 A에서 남겨둔 실을 감싸면서 뜬다.

TIP 남은 실을 감싸면서 뜨면 실 정리를 따로 하지 않아도 된다.

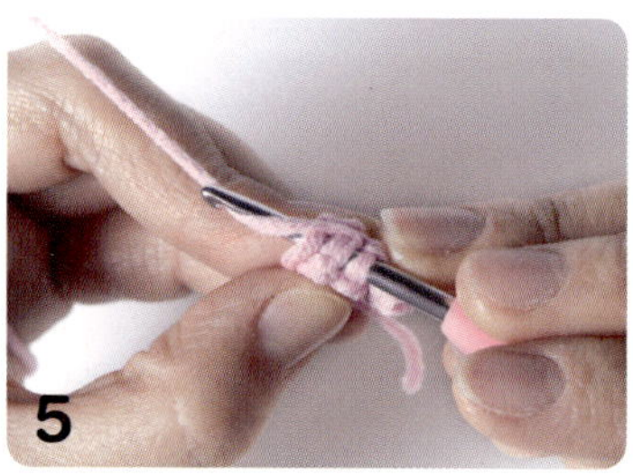

A에서 남은 실을 코바늘 위에 올려놓고 풀리지 않도록 왼손으로 잡은 후 실을 감아온다.

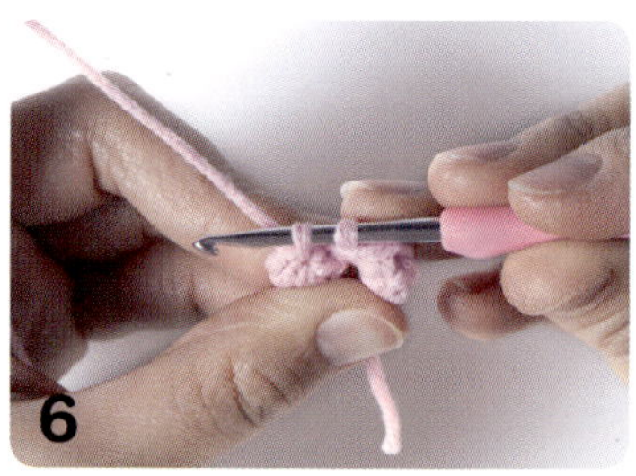

감은 실을 앞으로 끌어내면 코바늘 위에 2줄의 실이 걸려있게 된다.

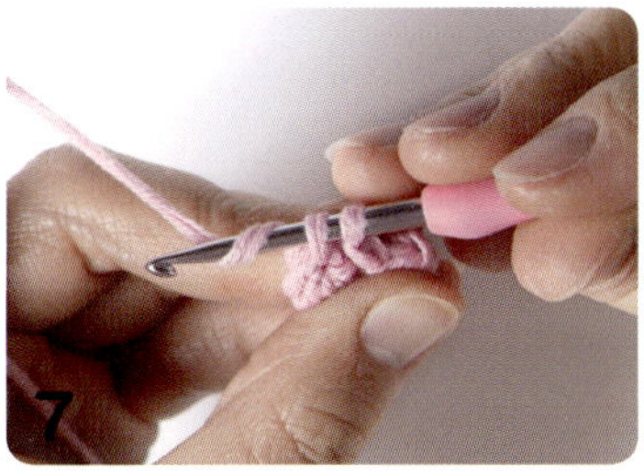

7

실을 한 번 더 감아서 2줄의 실 사이로 한번에 빼낸다.

8

A부분 짧은뜨기 1코(3단 첫코)가 완성된 모습.

9

3단 2번째 코부터 4번째 코까지 A에서 남은 실을 감싸며 뜬 후, B의 첫 코(3단 5번째 코)를 뜬다.

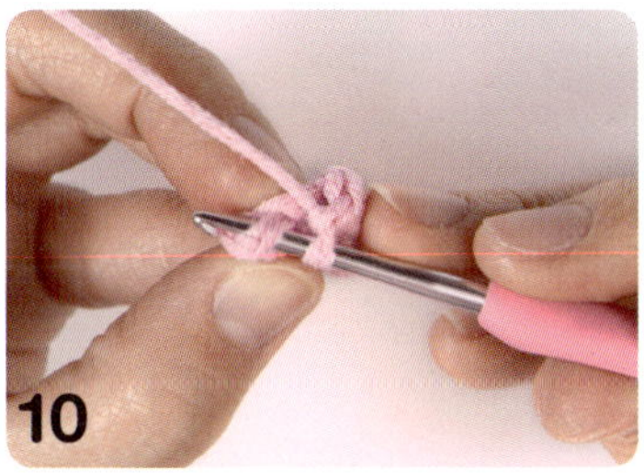

10

B의 첫코에 코바늘을 넣는다.

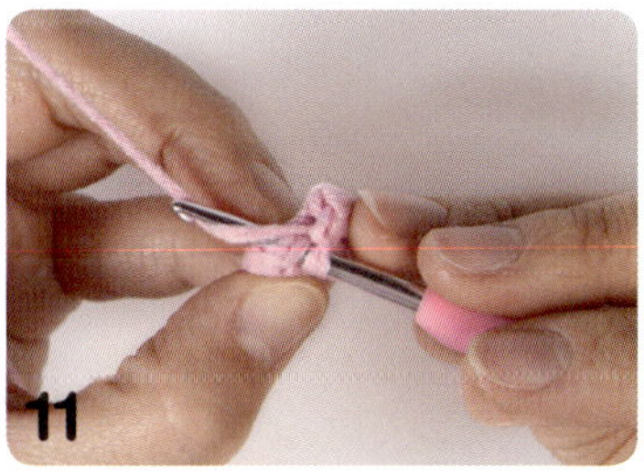

11

실을 감아서 앞으로 끌어낸다.

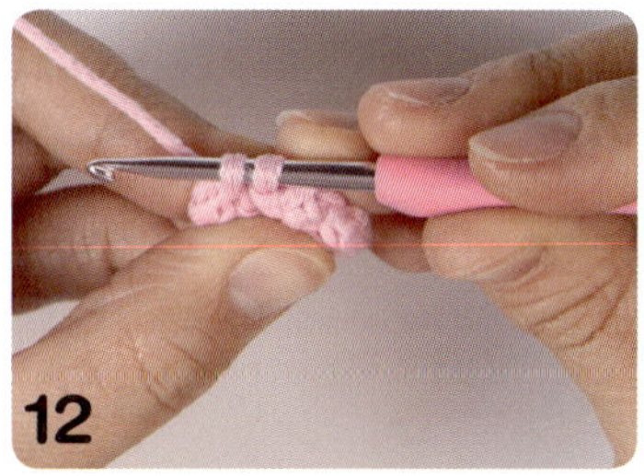

12

코바늘 위에 2줄이 걸려있게 된다.

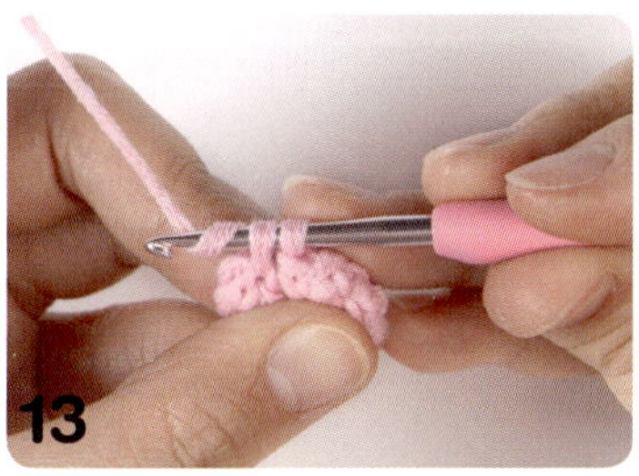

13

다시 실을 한 번 더 감아서 2줄의 실 사이로 한 번에 빼낸다.

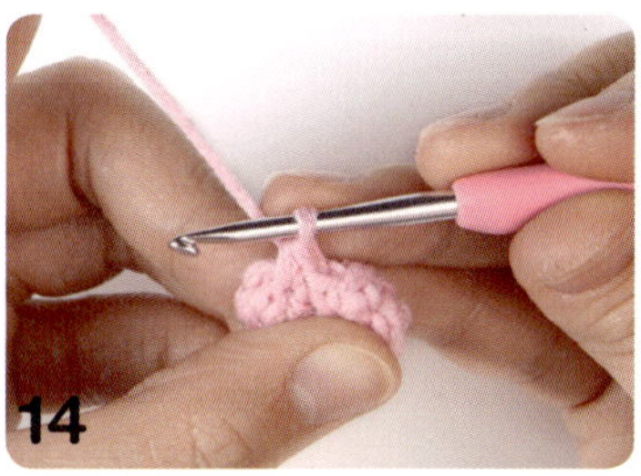

14

B의 짧은뜨기 1코(3단 5번째 코)가 완성된 모습.

15

3단 5번째 코부터 8번째 코까지 뜬 모습으로, A부분 4코와 B부분 4코를 연결해서 3단부터는 8코가 된다.

16

도안을 참조하여 14단까지 뜨고 40cm 정도 여유를 두고 실을 자른다.

다리(분홍색) 2개

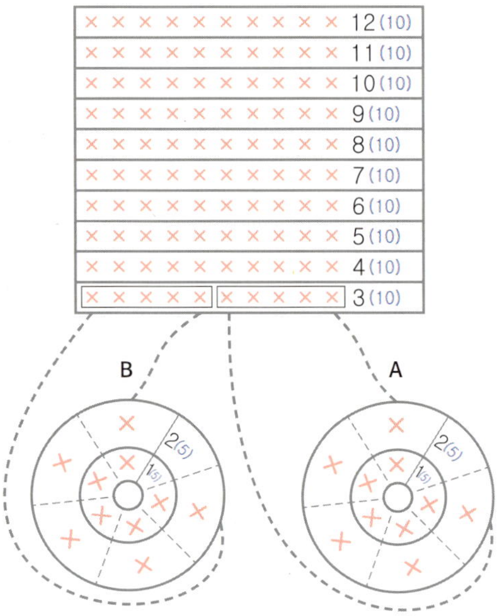

단수	콧수	뜨는 방법
1~2	5	짧은뜨기 5코 A와 B를 각각 뜬 후, 두 개를 연결해서 3단을 뜬다. ('팔' 뜨는 법 참조)
3~12	10	짧은뜨기 10코(증감 없음) 40cm 정도 여유를 두고 실을 자른다.

코(진분홍색)

사슬뜨기로 5코를 뜬 후, 기둥코(사슬뜨기 1코)를 세우고 1단을 시작한다.

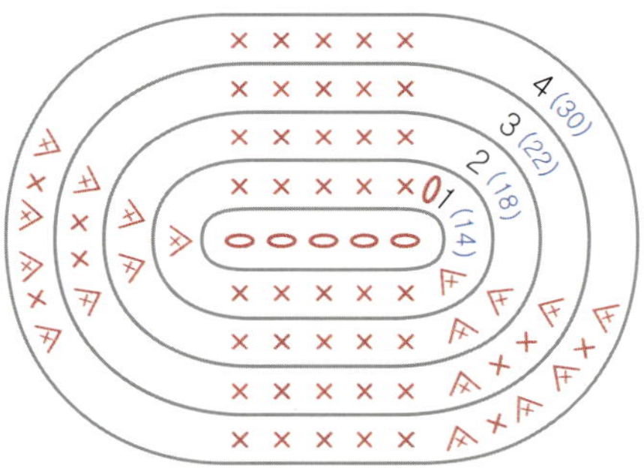

단수	콧수	뜨는 방법
1	14	사슬뜨기 1코(기둥코), (짧은뜨기 5코, 늘림코 1번)×2회
2	18	(짧은뜨기 5코, 늘림코 2번)×2회
3	22	(짧은뜨기 5코, 늘림코 1번, 짧은뜨기 2코, 늘림코 1번)×2회
4	30	(짧은뜨기 5코, 늘림코 1번, 짧은뜨기 1번, 늘림코 2번, 짧은뜨기 1코, 늘림코 1번)×2회 30cm 정도 여유를 두고 실을 자른다.

귀(분홍색) 2개

사슬뜨기로 3코를 뜬 후, 기둥코를 세우고 1단을 시작한다.

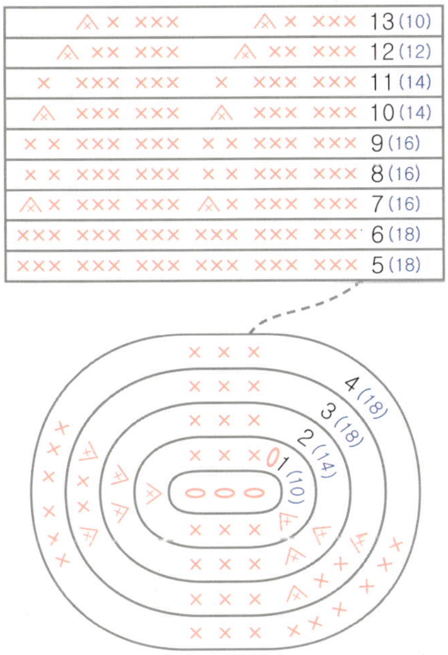

단수	콧수	뜨는 방법
1	10	사슬뜨기 1코(기둥코), (짧은뜨기 3코, 늘림코 1번)×2회
2	14	(짧은뜨기 3코, 늘림코 2번)×2회
3	18	(짧은뜨기 3코, 늘림코 1번, 짧은뜨기 2코, 늘림코 1번)×2회
4~6	18	증감 없음
7	16	(짧은뜨기 7코, 줄임코 1번)×2회
8~9	16	증감 없음
10	14	(짧은뜨기 6코, 줄임코 1번)×2회
11	14	증감 없음
12	12	(짧은뜨기 5코, 줄임코 1번)×2회
13	10	(짧은뜨기 4코, 줄임코 1번)×2회 40cm 정도 여유를 두고 실을 자른다.

꼬리(분홍색)

30cm 정도 실에 여유를 두고 사슬뜨기로 20코를 뜬 후, 기둥코(사슬뜨기 1코)를 세운 다음 1단을 시작한다.

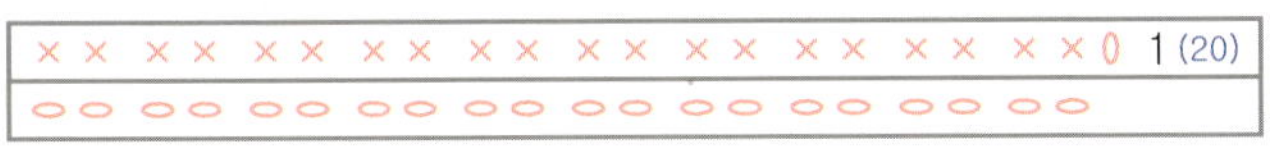

단수	콧수	뜨는 방법
1	20	사슬뜨기 1코(기둥코), 짧은뜨기 20코 30cm 정도 여유를 두고 실을 자른다.

연결하기 - 코

1

도안을 참고해 코를 뜬다.
30cm 정도 실을 남겨 자른 후, 코바늘에 걸려있던 실을 위쪽으로 쭉 올려 남은 실을 모두 빼낸다.

2

사진과 같이 겉면에서 안쪽 방향, 다음 코로 돗바늘을 넣는다.

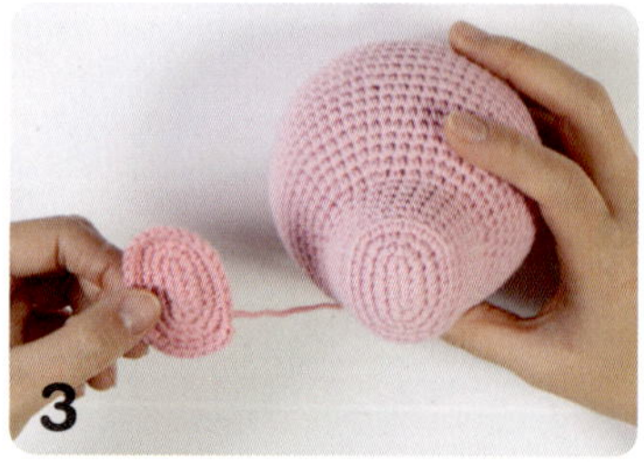

3

앞서 떠놓은 얼굴&머리를 준비한다.

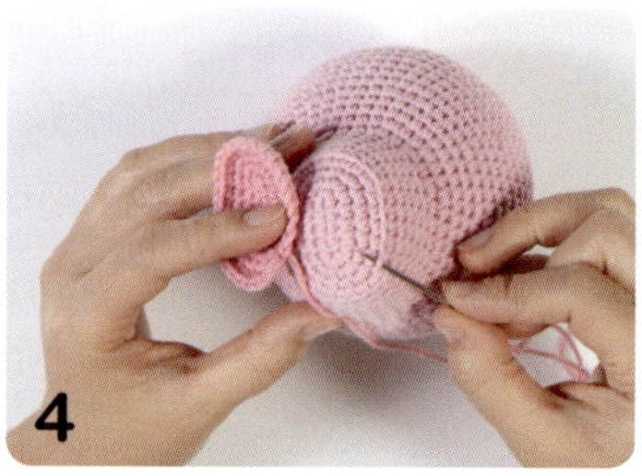

4

얼굴&머리의 5단, 짧은뜨기 이랑뜨기한 부분에 생긴 라인의 첫 번째 코에 사진과 같이 돗바늘을 넣는다.

5

실을 잡아당긴 후, 다음 코에 돗바늘을 넣는다.

6

과정 4에서 돗바늘을 넣었던 부분 다음 코에 사진과 같이 돗바늘을 넣는다.

7

과정 5~6을 반복하며 얼굴&머리와 코 부분의 각각의 코를 마지막 코까지 돗바늘로 꿰맨 후, 다른 코와 코 사이로 돗바늘을 뺀다.

8

바짝 매듭을 만든다.

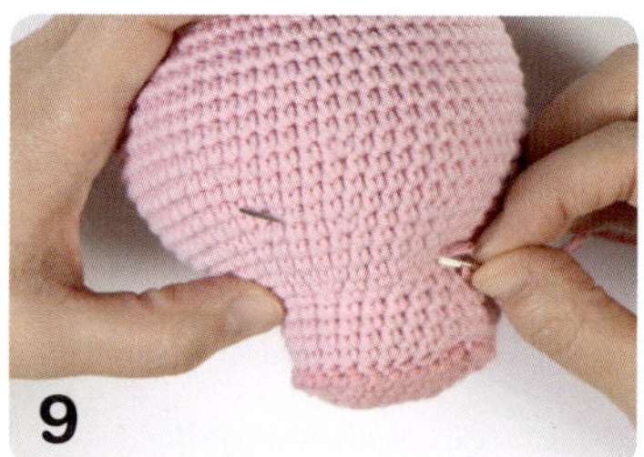

9

돗바늘을 빼낸 자리로 다시 넣고, 솜 사이를 통과시켜 다른 코로 빼는 과정을 3~4번 정도 반복한다.

10 남은 실을 살짝 당긴 후, 가위로 바짝 자른다.

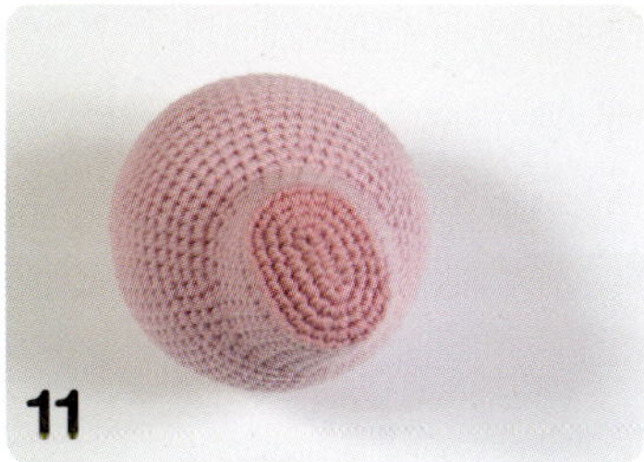

11 얼굴&머리에 코를 맞대어 꿰맨 모습.

연결하기 - 몸통

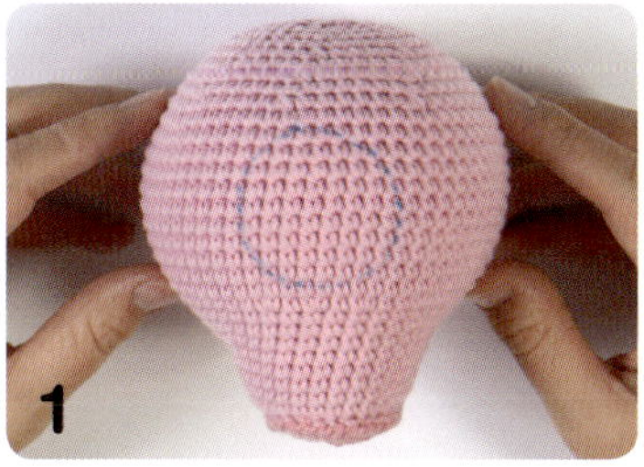

1 얼굴&머리를 뜨기 시작한 1단을 기준으로 15단 아래, 뒤통수 오므린 부분을 기준으로 10단 아래에 몸통을 연결할 부분을 표시한다.

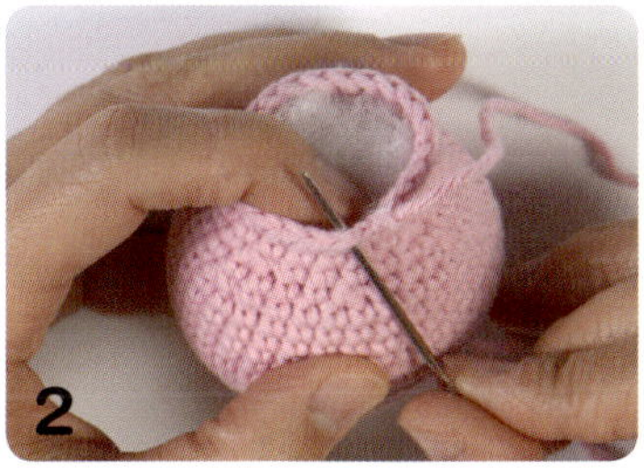

2 몸통을 뜨고 40cm 정도 남긴 실을 돗바늘에 꿴 후, 다음 코에 돗바늘을 넣는다.

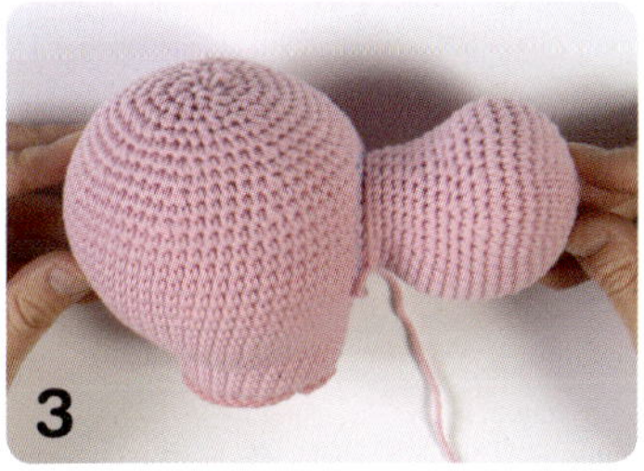

3 튀어나온 엉덩이 부분이 뒤쪽으로 가도록 배치한다.

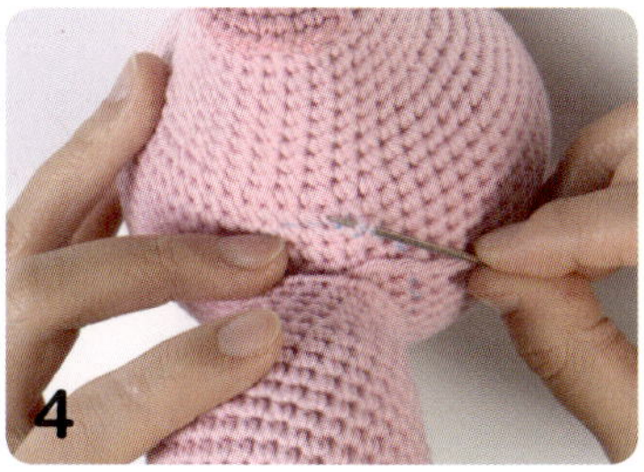

4 표시한 위치에 돗바늘을 넣고 뺀다.

5 과정 2에서 돗바늘을 넣었던 코의 다음 코, 즉 2번째 코로 사진과 같이 돗바늘을 넣는다

6 얼굴&머리 부분의 다음 코에도 사진과 같이 돗바늘을 넣는다.

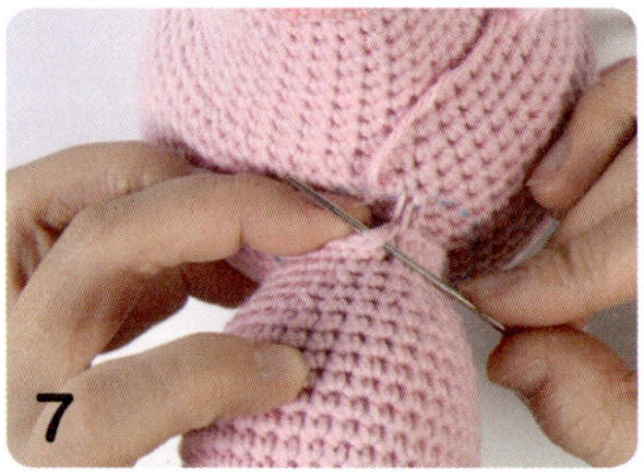

7 몸통과 얼굴&머리 부분을 한 번씩 번갈아가며 돗바늘로 꿰맨다.

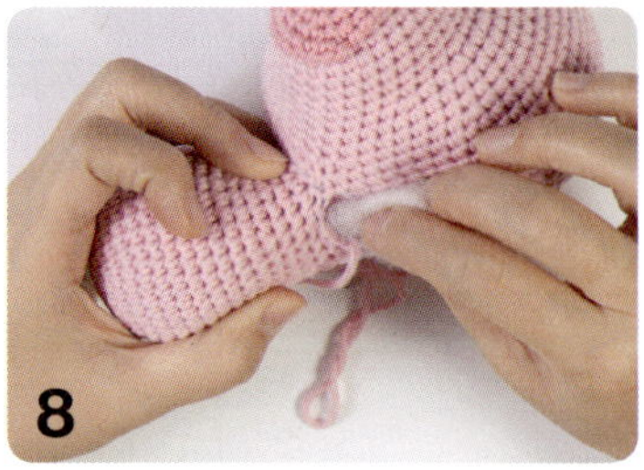

8 작은 구멍이 남을 때까지만 연결하고 남은 구멍으로 솜을 더 넣어 모양을 잡는다.

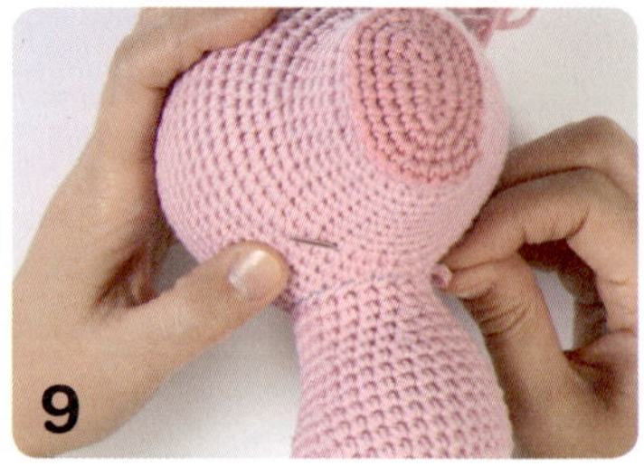

9 마지막 코까지 꿰맨 후, 다른 코와 코 사이로 돗바늘을 뺀다.

10 바짝 당겨 매듭을 만든다.

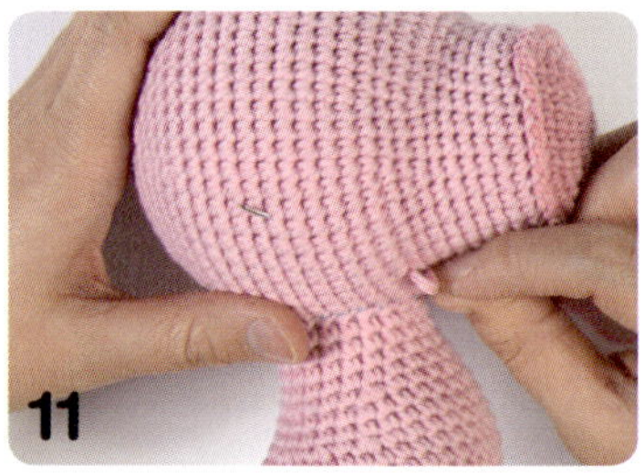

11 돗바늘을 빼낸 자리로 다시 넣고, 솜 사이를 통과시켜 다른 코로 빼내는 과정을 3~4번 정도 반복한다.

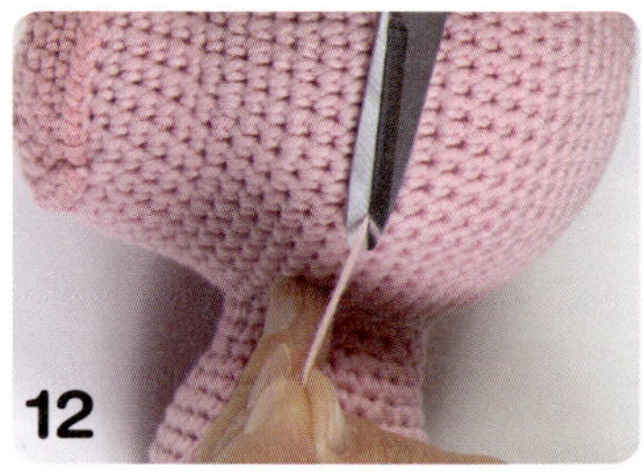

12 남은 실을 살짝 당긴 후, 가위로 바짝 자른다.

연결하기 - 팔

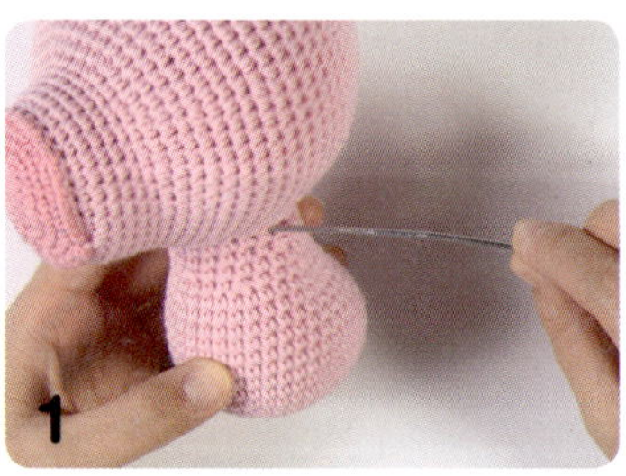

1 목 부분에 와이어를 통과시킨다.

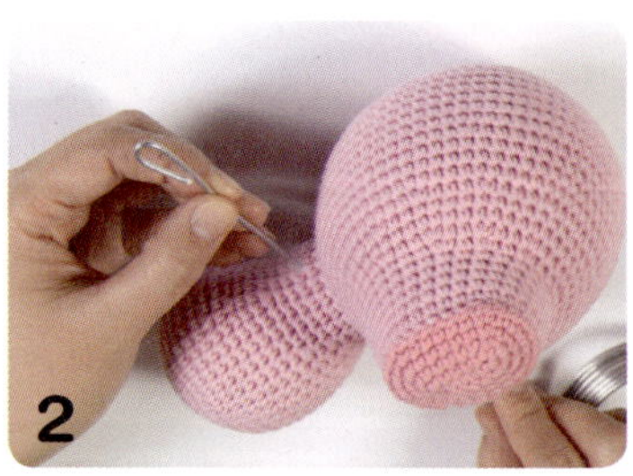

2 반대쪽으로 나온 와이어 끝을 사진과 같이 구부린다.

3 와이어에 팔을 끼운다.

팔을 뜨고 남겨놓은 실(40cm 정도)을 돗바늘에 꿴 후, 사진과 같이 다음 코에 넣는다.

몸통의 코로 돗바늘을 넣는다.

팔 부분의 코, 몸통 부분의 코를 한 번씩 돗바늘로 꿰맨다.

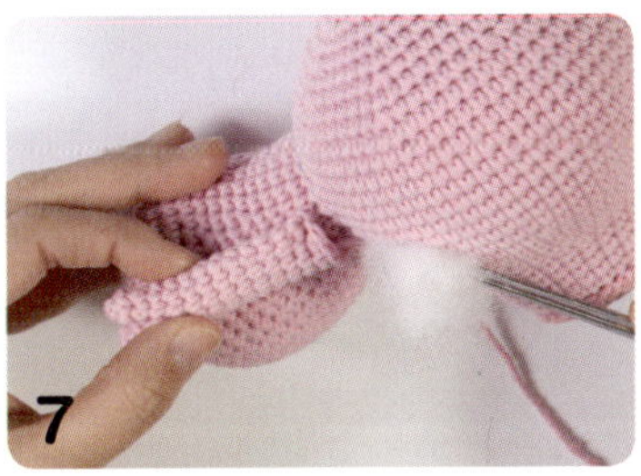

작은 구멍이 남을 때까지 연결하다가 남은 구멍으로 솜을 넣는다. 팔 전체에 70% 정도만 솜을 넣어 납작한 모양이 유지되도록 한다.

마지막 남은 코까지 모두 꿰맨 후, 다른 코와 코 사이로 돗바늘을 빼낸다.

바짝 매듭을 짓는다.
돗바늘을 빼낸 자리에 다시 넣고, 솜 사이를 통과시켜 다른 코로 빼내는 과정을 3~4번 정도 반복한다.
남은 실은 가위로 바짝 자른다.

반대쪽 와이어도 끝부분은 구부린 후 팔을 끼워 과정 4~9와 동일하게 꿰맨다.

팔을 꿰맨 모습.

연결하기 - 다리

사진과 같이 몸통 아래쪽에 와이어를 넣는다.

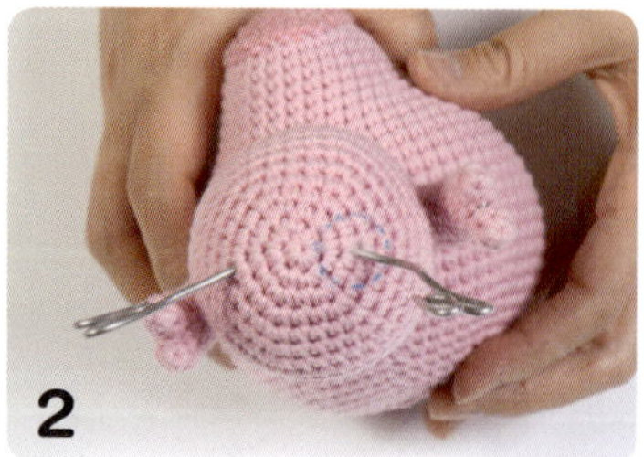

다리 길이에 맞춰 사진과 같은 모양으로 와이어를 구부린다. 몸통 1~2단 사이, 5~6단 사이에 다리를 꿰맬 부분을 표시한다.

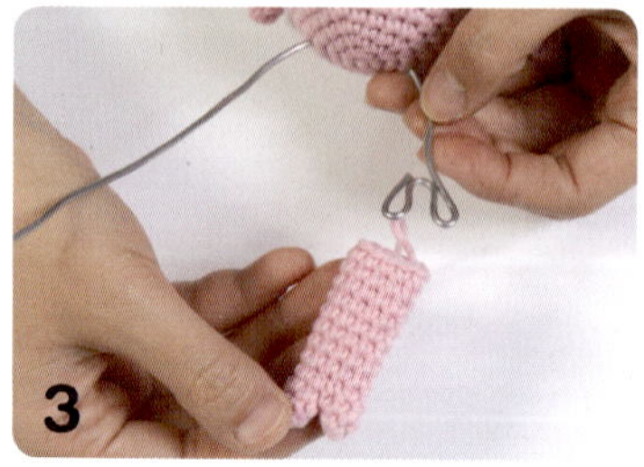

다리를 뜨고 남겨놓은 실(40cm 정도)을 돗바늘에 꿴다. 다음 코에 돗바늘을 넣은 후 와이어에 다리를 끼운다.

다리의 모양이 삐뚤어지지 않도록 정렬한 후, 과정 3에서 돗바늘을 넣었던 다리 부분의 코 위치와 맞닿는 몸통의 코로 돗바늘을 넣는다.

다리 부분의 코, 몸통 부분의 코를 한 번씩 돗바늘로 꿰맨다.

작은 구멍이 남을 때까지 연결한 후, 남은 구멍으로 솜을 가득 넣는다.

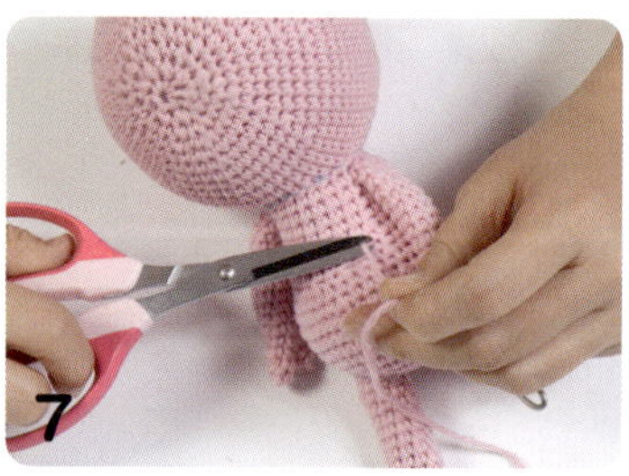

실을 정리하고 남은 실은 가위로 바짝 자른다.

다리를 꿰맨 모습.

양쪽 발을 구부려 모양을 만든다.

연결하기 - 귀

귀를 뜨고 남겨놓은 실(40cm 정도)을 돗바늘에 꿴 후, 다음 코에 넣는다.

남긴 실을 가장 끝으로 오게 한 후, 반으로 접어 맞은편 코로 돗바늘을 뺀다.

다음 코에 사진과 같이 돗바늘을 넣는다.

같은 방향으로 돗바늘을 빼면 코가 가려지므로 지그재그로 꿰맨다.

남은 코들을 계속 꿰맨다.

마지막 코까지 돗바늘로 꿰맨다.

다 꿰맨 후 사진과 같이 끝쪽에 남아있는 1줄 사이로 돗바늘을 넣고 빼내면 정중앙에 실이 위치한다.

머리 부분의 23단과 24단 사이, 25단과 26단 사이에 귀를 붙일 자리를 표시한다.

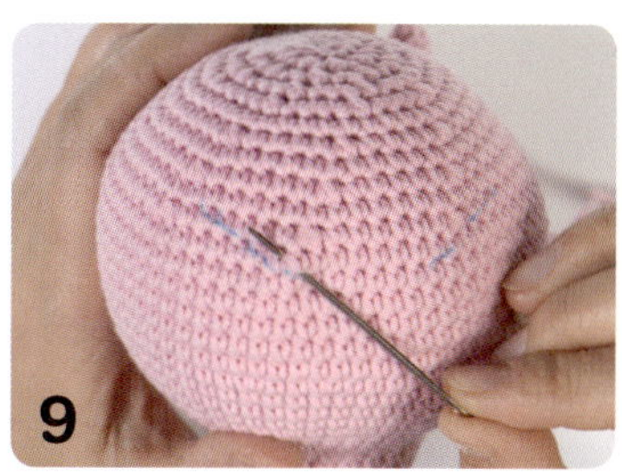

표시해 놓은 선의 첫 코에 돗바늘을 넣고 빼낸다.

귀의 뒤쪽에서 앞쪽 방향으로 돗바늘을 넣고 빼낸다.

얼굴&머리의 다음 코에 다시 돗바늘을 넣고 빼낸다.

한 번 더 귀 다음 코에 돗바늘을 넣는다.

마지막 코까지 같은 방법으로 연결한다.

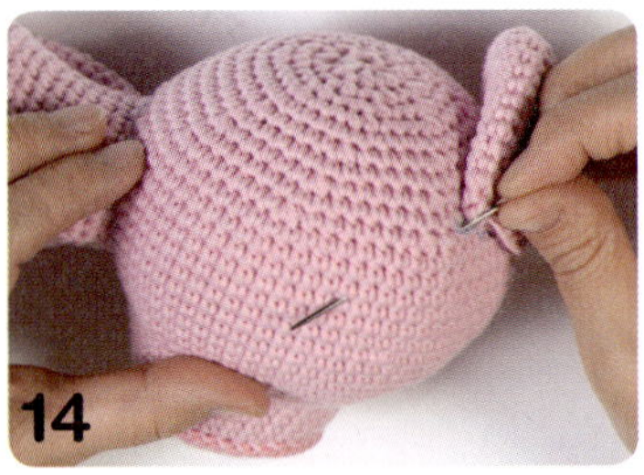

돗바늘을 사진처럼 다른 코와 코 사이로 빼낸다.

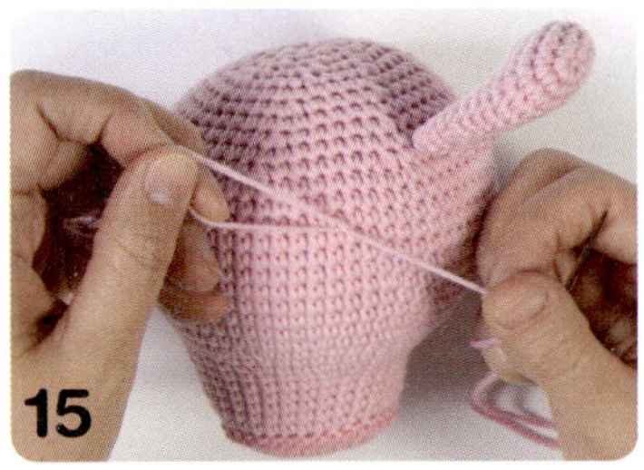

바짝 매듭을 만든다.

돗바늘을 빼낸 자리에 다시 넣고 솜 사이를 통과시켜 다른 코로 빼는 과정을 3~4번 정도 반복한 후, 남은 실을 가위로 바짝 자른다.

귀를 꿰맨 모습.

연결하기 - 꼬리

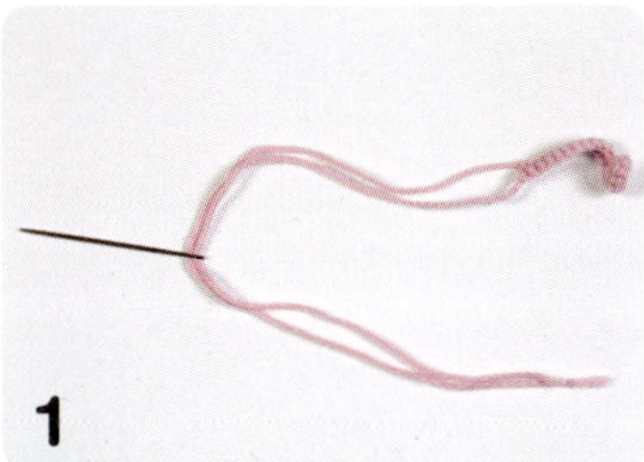

꼬리를 뜨기 시작할 때 실에 여유(30cm 정도)를 두고 도안대로 뜬 후, 마찬가지로 30cm 정도 실을 남기고 가위로 자른다. 처음과 끝에 남겨놓은 2줄의 실을 함께 돗바늘에 넣는다.

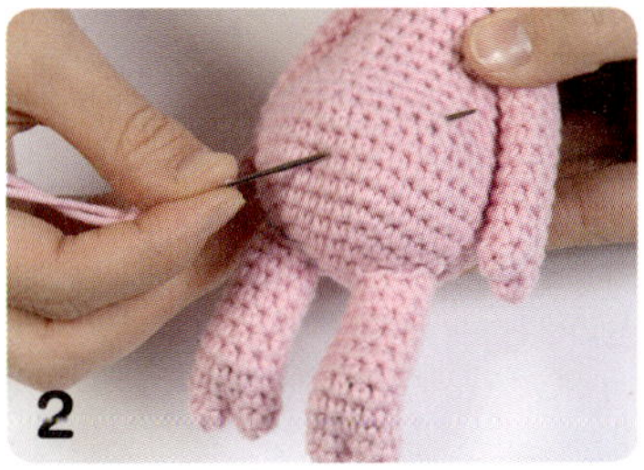

엉덩이 부분에 돗바늘을 넣고 다른 코와 코 사이로 돗바늘을 빼낸다.

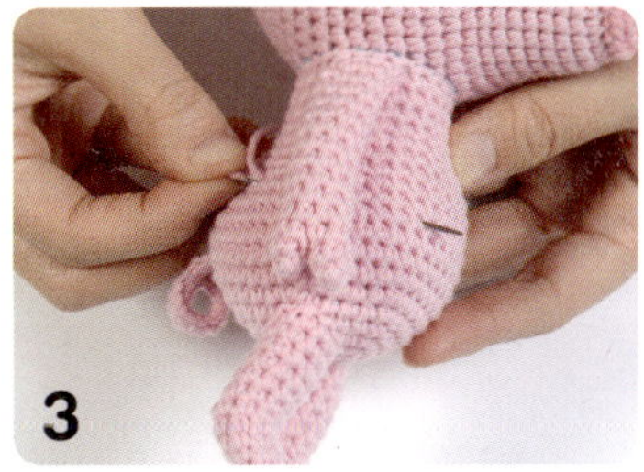

돗바늘을 빼낸 자리에 다시 넣고 솜 사이를 통과시켜 다른 코로 빼내는 과정을 3~4번 정도 반복한다.
남은 실을 가위로 바짝 자른다.

귀 수놓기

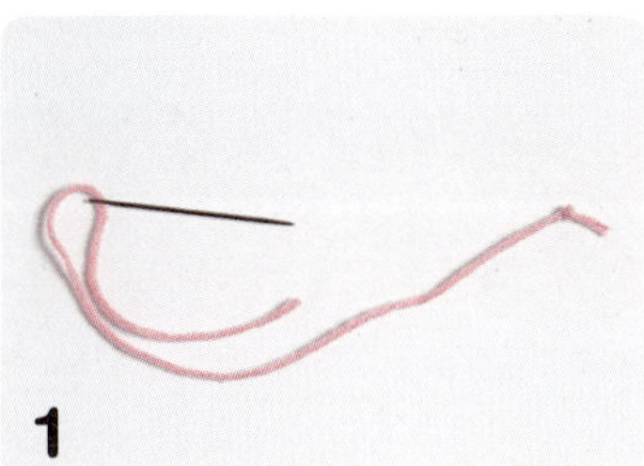

코 부분과 동일한 색상의 실을 30cm 정도 잘라 돗바늘에 꿴 후, 끝부분을 매듭짓는다.

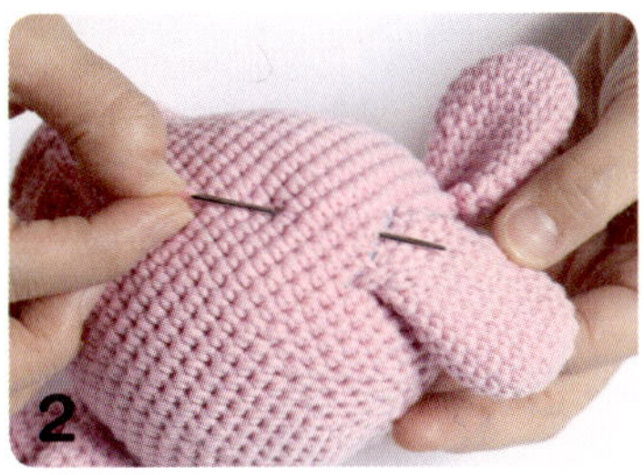

사진과 같이 얼굴부분에서 귀를 꿰맨 선 가운데로 빼낸다.

귀의 2/3 부분에 돗바늘을 넣고 다른쪽 코 사이로 뺀다.

매듭을 바짝 만든다.

돗바늘을 빼낸 자리에서 다시 넣고, 다른쪽 코 사이로 빼낸다.
남은 실은 가위로 바짝 자른다.

반대쪽 귀도 동일한 방법으로 수놓는다.

입 수놓기

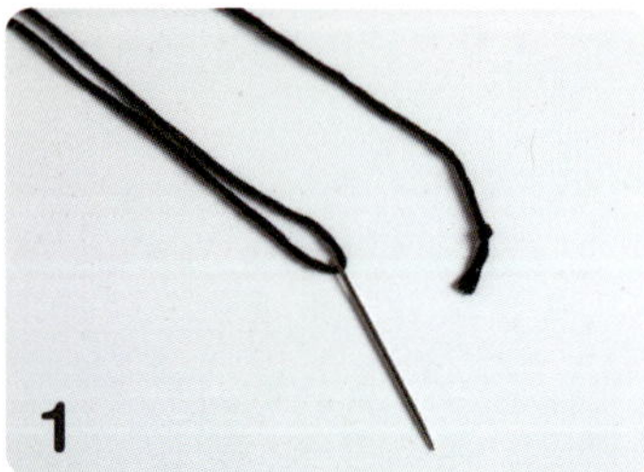

검은색 실을 40cm 정도 잘라 돗바늘에 꿴 후, 끝부분을 매듭짓는다.

얼굴&머리의 13~14단 사이로 돗바늘을 빼낸다.

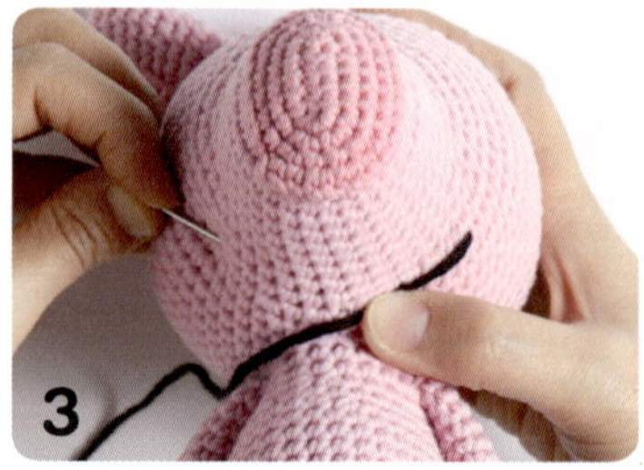

반대쪽 같은 라인으로 돗바늘을 넣으며 검정 실을 수놓을 중간 부분으로 돗바늘을 빼낸다. 이때 실을 돗바늘 아래에 놓고 빼낸다.

실을 잡아당기면 사진과 같은 모습이 된다.

돗바늘을 빼낸 자리에 다시 돗바늘을 넣는다. 이때, 가운데 검정 실 라인을 사이에 두고 넣는다.

다른쪽 코 사이로 돗바늘을 빼낸다.

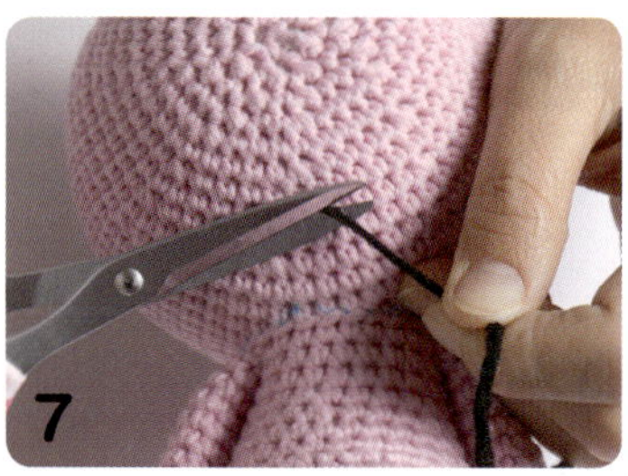

돗바늘을 빼낸 자리에 다시 넣고, 솜 사이를 통과시켜 다른쪽 코로 빼내는 과정을 3~4번 정도 반복한다.
남은 실은 가위로 바짝 자른다.

눈 붙이기

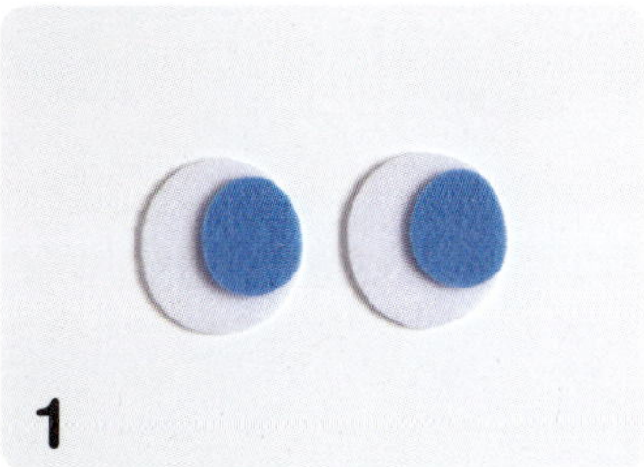

흰색과 파란색 펠트지를 원 모양으로 자른 후, 글루건이나 목공용풀로 사진과 같이 흰색 펠트지 위에 파란색 펠트지를 붙인다.

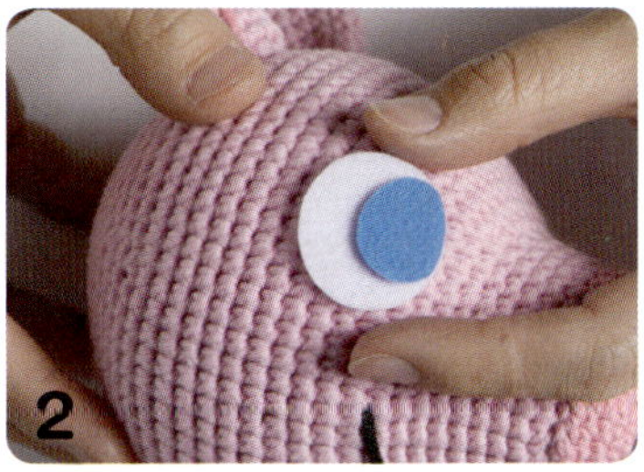

얼굴의 적당한 위치에 눈을 붙인다.

코 수놓기

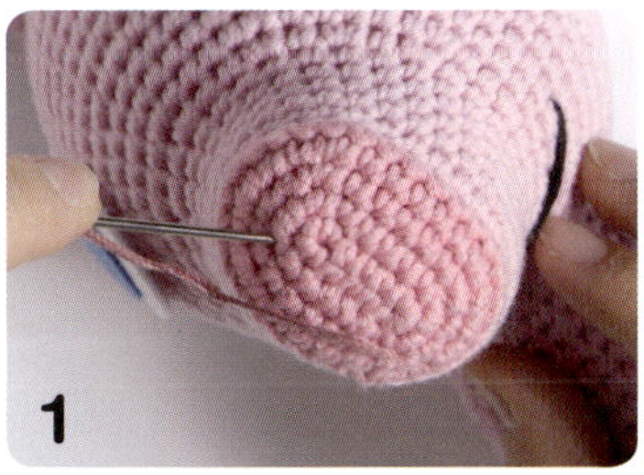

DMC 자수실이나 코보다 진한 분홍색 실을 돗바늘에 넣어 매듭을 지은 후, 실을 안쪽에서 코 겉면으로 빼낸다.

코 부분의 2~3단 사이에 직선으로 수를 놓으며 옆쪽으로 돗바늘을 빼낸다.

이미 수놓은 오른쪽 부분과 대칭이 되도록 수놓고, 다른쪽 코 사이로 돗바늘을 빼낸다.
남은 실을 정리하여 가위로 바짝 잘라 마무리한다.

코를 수놓은 모습.

데이지 옷 만들기

줄무늬 티셔츠(흰색, 하늘색)

※ 노란색 티셔츠의 도안도 같음.

사슬뜨기 42코를 뜬 후, 기둥코(사슬뜨기 1코)를 세운 다음 1단을 시작한다.

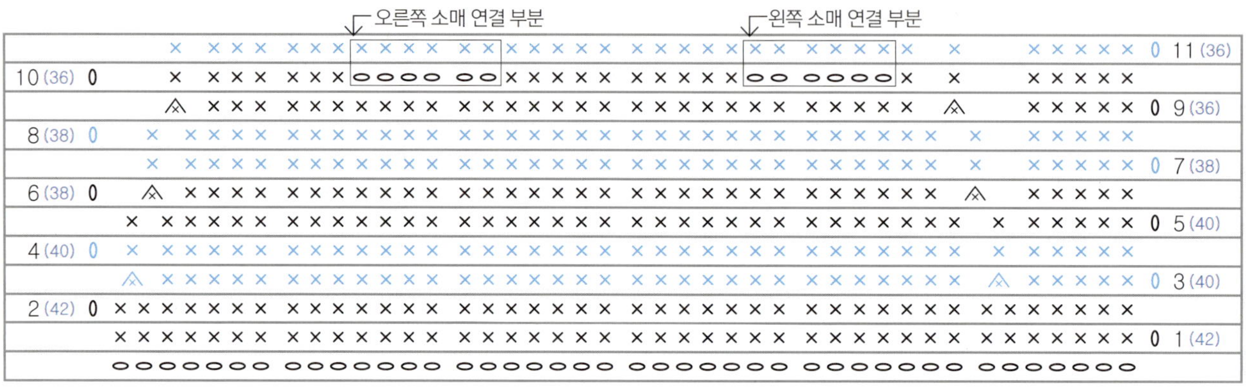

단수	콧수	뜨는 방법
1~2	42	사슬뜨기 1코(기둥코), 짧은뜨기 42코
3	40	사슬뜨기 1코(기둥코), 짧은뜨기 5코, 줄임코 1번, 짧은뜨기 33코, 줄임코 1번
4~5	40	사슬뜨기 1코(기둥코), 짧은뜨기 40코
6	38	사슬뜨기 1코(기둥코), 줄임코 1번, 짧은뜨기 31코, 줄임코 1번, 짧은뜨기 5번
7~8	38	사슬뜨기 1코(기둥코), 짧은뜨기 38코
9	36	사슬뜨기 1코(기둥코), 짧은뜨기 5코, 줄임코 1번, 짧은뜨기 29코, 줄임코 1회
10	36	사슬뜨기 1코(기둥코), 짧은뜨기 7코, 사슬뜨기 6코, 짧은뜨기 10코, 사슬뜨기 6코, 짧은뜨기 7코
11	36	사슬뜨기 1코(기둥코), 짧은뜨기 36코

오른쪽 소매(흰색, 하늘색)

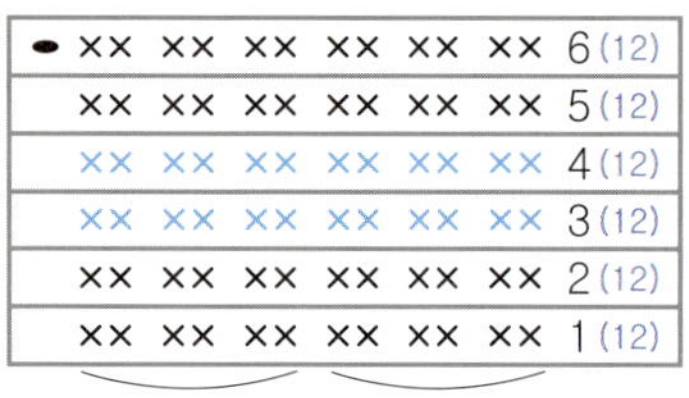

티셔츠 몸판의 짧은뜨기 부분에 연결해서 뜬다. 티셔츠 몸판의 사슬뜨기 부분에 연결해서 뜬다.

왼쪽 소매(흰색, 하늘색)

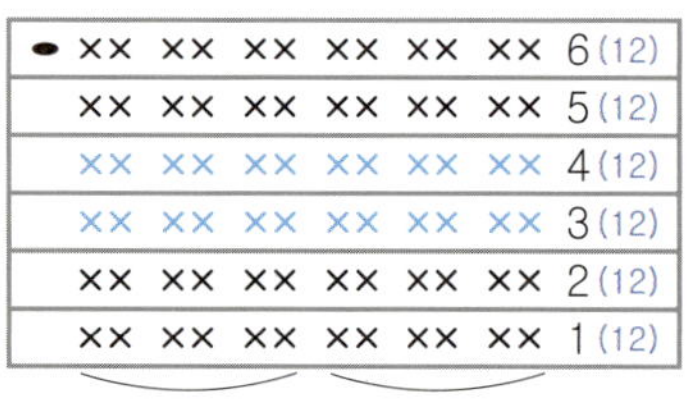

티셔츠 몸판의 사슬뜨기 부분에 연결해서 뜬다. 티셔츠 몸판의 짧은뜨기 부분에 연결해서 뜬다.

단수	콧수	뜨는 방법
1~6	12	짧은뜨기 12코 빼뜨기로 마무리

스카프(하늘색)

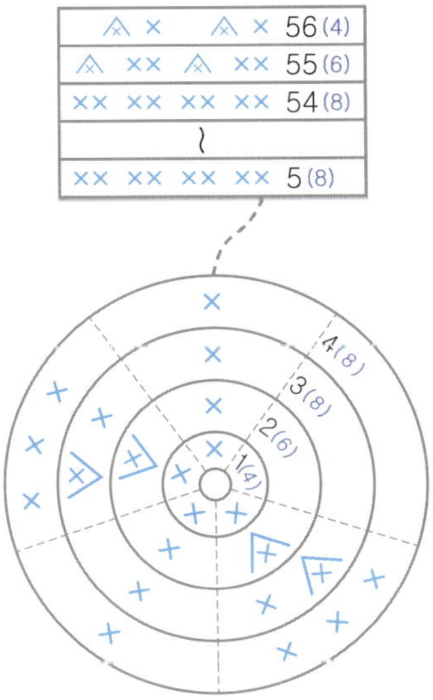

단수	콧수	뜨는 방법
1	4	짧은뜨기 4코
2	6	(짧은뜨기 1코, 늘림코 1번)×2회
3	8	(짧은뜨기 2코, 늘림코 1번)×2회
4~54	8	증감 없음
55	6	(짧은뜨기 2코, 줄임코 1번)×2회
56	4	(짧은뜨기 1코, 줄임코 1번)×2회

신발(노란색) 2개

사슬뜨기 5코를 뜬 후, 기둥코(사슬뜨기 1코)를 세운 다음 1단을 시작한다.

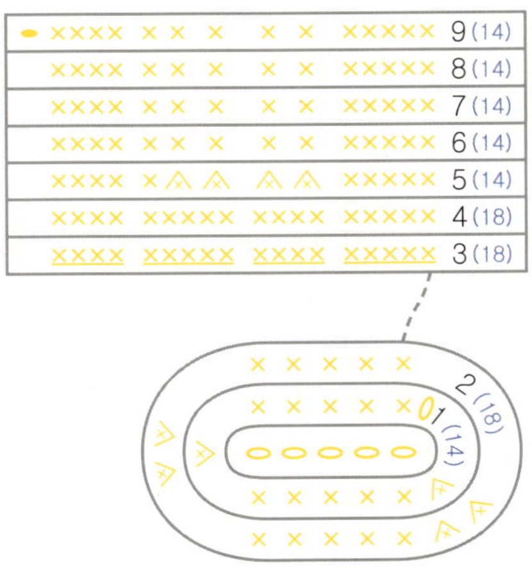

단수	콧수	뜨는 방법
1	14	사슬뜨기 1코(기둥코), (짧은뜨기 5코, 늘림코 1번)×2회
2	18	(짧은뜨기 5코, 늘림코 2번)×2회
3	18	짧은뜨기 이랑뜨기 18코
4	18	증감 없음
5	14	짧은뜨기 5코, 줄임코 4번, 짧은뜨기 5코
6~9	14	증감 없음 빼뜨기로 마무리

원피스 상의

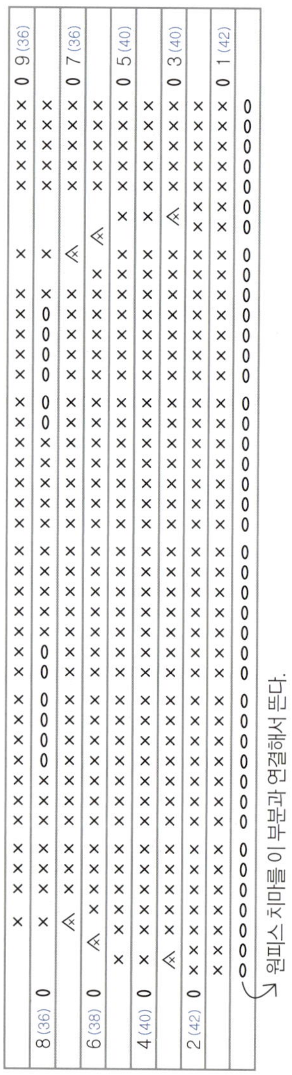

원피스 치마

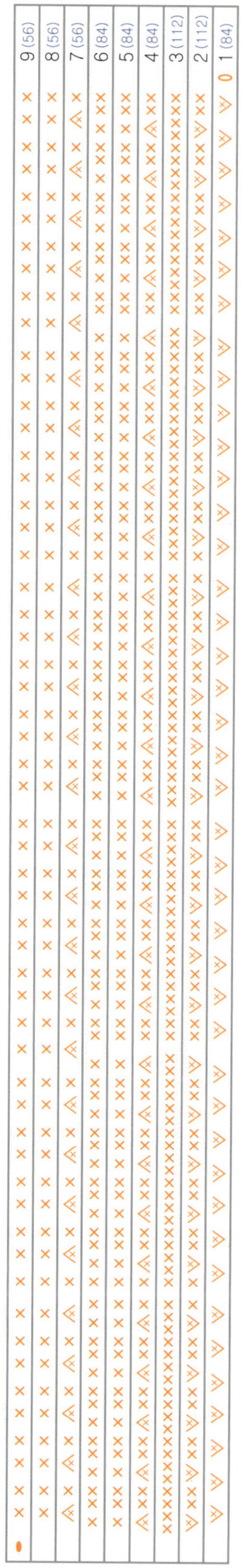

원피스 상의 부분(흰색)

사슬뜨기 42코를 뜬 후, 기둥코(사슬뜨기 1코)를 세운 다음 1단을 시작한다.

단수	콧수	뜨는 방법
1~2	42	사슬뜨기 1코(기둥코), 짧은뜨기 42코
3	40	사슬뜨기 1코(기둥코), 짧은뜨기 5코, 줄임코 1번, 짧은뜨기 33코, 줄임코 1번
4~5	40	사슬뜨기 1코(기둥코), 짧은뜨기 40코
6	38	사슬뜨기 1코(기둥코), 줄임코 1번, 짧은뜨기 31코, 줄임코 1번, 짧은뜨기 5코
7	36	사슬뜨기 1코(기둥코), 짧은뜨기 5코, 줄임코 1번, 짧은뜨기 29코, 줄임코 1번
8	36	사슬뜨기 1코(기둥코), 짧은뜨기 7코, 사슬뜨기 6코, 짧은뜨기 10코, 사슬뜨기 6코, 짧은뜨기 7코
9	36	사슬뜨기 1코(기둥코), 증감 없음

원피스 치마 부분(주황색)

원피스 상의 부분의 1단에 연결해서 2단부터 원통으로 뜬다.

단수	콧수	뜨는 방법
1	84	사슬뜨기 1코(기둥코), 늘림코 42번
2	112	(짧은뜨기 2코, 늘림코 1번)×28회
3	112	증감 없음
4	84	(짧은뜨기 2코, 줄임코 1번)×28회
5~6	84	증감 없음
7	56	(짧은뜨기 1코, 줄임코 1번)×28회
8~9	56	증감 없음 빼뜨기로 마무리

티셔츠 만들기 - 몸판

1 티셔츠 도안을 참조해 9단까지 뜬다.

2 실을 한 번 감는다.

3 감은 실을 빼내며 사슬코 1코를 만든다.

4 10단을 뜨기 위해 반대편으로 편물을 돌린다.

5 첫 번째 코로 코바늘을 넣으며 10단을 뜨기 시작한다.

6 짧은뜨기 7코를 뜬 후에 사슬코를 만든다.

7 사슬뜨기 6코를 뜬다.

8 아래의 6코는 뜨지 않고 7번째 코로 코바늘을 넣는다.

9 짧은뜨기 10코를 뜬다.

10 다시, 사슬뜨기 6코를 뜬다.

11 아래의 6코는 뜨지 않고 7번째 코로 코바늘을 넣는다.

12 짧은뜨기 7코를 떠서 10단을 뜬 모습.

11단의 짧은뜨기 7코를 뜬다.

10단에서 만들었던 사슬코 부분을 뜰 때에는 사슬 중에 윗줄에만 코바늘을 넣어서 짧은뜨기를 뜬다.

11단까지 뜬 모습.

20cm 정도 실을 남기고 가위로 자른다.

남은 실을 돗바늘에 꿴다.

안쪽의 코와 코 사이로 돗바늘을 넣는다.

TIP 코에 실을 촘촘하게 숨겨야 실이 보이지 않는다.

실을 당긴다. 이때 실이 너무 짧으면 숨긴 실이 빠져나올 수 있으므로 길게 숨긴다.

남은 실은 바짝 자른다.

몸판을 모두 뜬 모습.

연결하기 - 오른쪽 소매

사진과 같은 부분에 코바늘을 넣는다.

새로운 실을 고리 모양으로 만들고 왼손으로 잡는다.

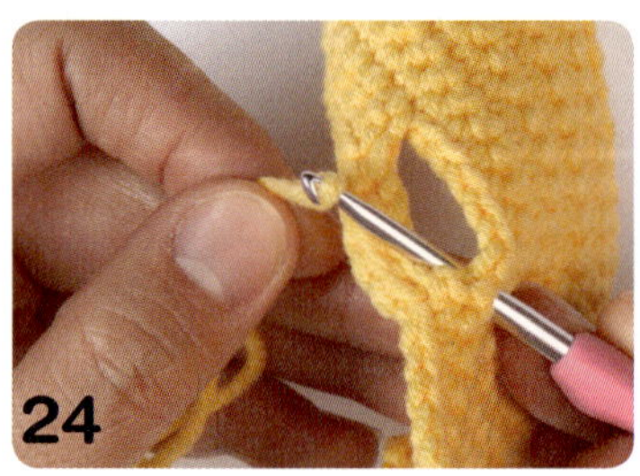

코바늘에 실을 감는다.

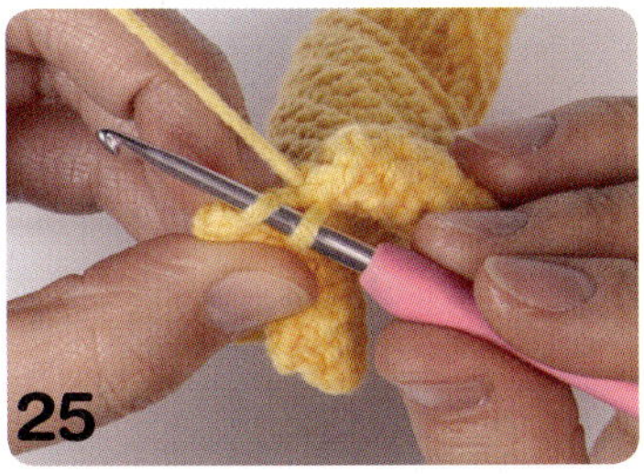

몸판 과정 14에서 사슬코 위에 짧은뜨기를 하고 남은 1줄 사이로 코바늘을 넣어서 짧은뜨기 6코를 뜬다. 아래쪽은 몸판 과정 8에서 뜨지 않았던 짧은뜨기 부분에 코바늘을 넣어 6코를 뜬다.

짧은뜨기로 6단까지 뜬다.

다음 코로 코바늘을 넣는다.

검지에 걸린 실을 코바늘로 감는다.

실을 빼내면 코바늘 위에 2줄의 실이 걸려있게 된다.

코바늘에 걸린 앞쪽의 실을 뒤쪽의 실 사이로 빼내면 빼뜨기 1코가 완성된다.

빼뜨기 1코를 뜬 모습.

20cm 정도 실을 남기고 가위로 자른다.

실을 위쪽으로 쭉 빼낸다.

남은 실을 돗바늘에 꿰어 빼뜨기한 코에 넣는다.

실을 당긴다.

실은 안쪽으로 촘촘하게 숨긴다.

37 실을 당겨 돗바늘을 빼낸다.

38 남은 실은 바짝 당겨 자른다.

39 오른쪽 소매를 뜬 모습.

연결하기 - 왼쪽 소매

40 코바늘이 위치한 곳부터 왼쪽 소매를 뜨기 위한 실을 건다.

41 사진과 같이 코바늘을 넣는다.

42 코바늘에 새로운 실을 건다.

43 몸판 과정 8에서 뜨지 않았던 부분에 짧은뜨기 6코를 뜨고, 위쪽은 사슬코 중에 남아있는 1줄 사이로 코바늘을 넣어서 짧은뜨기 6코를 뜬다.

44 짧은뜨기로 6단까지 뜨고 빼뜨기를 한 후 실을 숨겨서 마무리한다.

45 티셔츠의 오른쪽에 사진과 같이 2개의 똑딱단추를 놓는다.

46 바느질용 바늘에 실을 꿰어 실 끝을 매듭짓고 똑딱단추의 구멍과 편물을 함께 3~4번 통과하여 각 구멍을 모두 꿰맨다.

47 매듭을 만든다.

48 똑딱단추 사이로 바늘을 통과하여 매듭이 똑딱단추 속으로 들어가게 한다.

남은 실은 바짝 자른다.

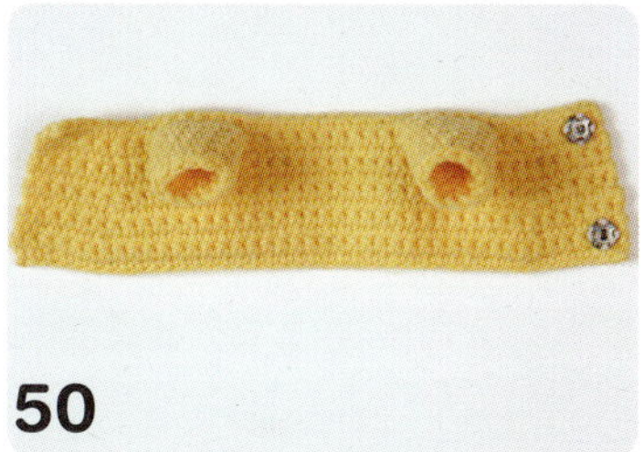

몸판 오른쪽에 똑딱단추를 단 모습.

티셔츠 왼쪽의 안쪽 면에 반대편 똑딱단추를 단다.

원피스 만들기

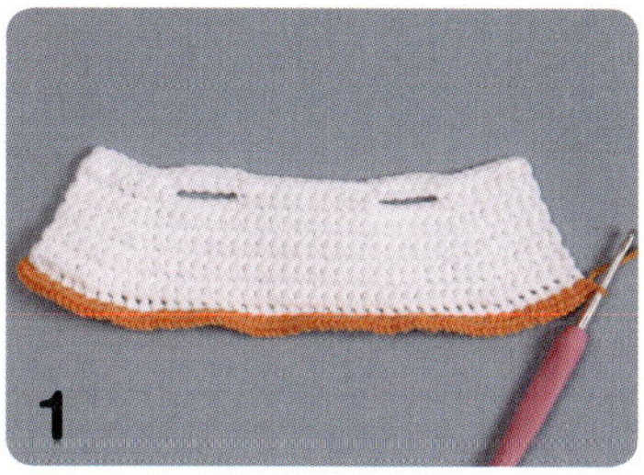

도안을 참조해 뜨고 남은 실은 모두 숨긴다.
1단의 첫코에 주황색을 연결하여 치마 도안대로 1단을 뜬다.

사진과 같이 동그랗게 손으로 모양을 잡아서 원통이 되도록 한다.

치마 1단의 첫 번째 코에 코바늘을 넣는다. 이렇게 하면 치마 부분은 원형으로 연결된다.

실을 감는다.

감은 실을 앞으로 빼낸다.

실을 한 번 더 감는다.

감은 실을 2줄의 실 사이로 한 번에 빼내면 짧은뜨기 1코가 된다.

도안대로 끝까지 뜨고 실을 숨긴다.

똑딱단추를 달고 마무리한다.

× 포비 ×

포비는 굴리굴리 숲에 사는 작은 개구리예요.
호기심이 많아 데이지와 함께 배를 타고 모험을 떠나는 걸 가장 좋아해요.
우리도 포비와 함께 모험을 떠나볼까요?

상세 정보

난이도 ★★ 완성 크기 12cm

준비물

실: 연두색

바늘: 모사용 코바늘 5/0호

기타: 자수실 또는 뜨개실(검은색), 펠트지(흰색, 파란색), 돗바늘, 솜, 가위, 목공풀 또는 글루건, 공예용 와이어

사용한 뜨개 기법

사슬뜨기, 짧은뜨기, 짧은뜨기 2코 늘려뜨기, 짧은뜨기 2코 모아뜨기

뜨는 순서

눈 → 얼굴&머리 → 몸통 → 팔 → 다리

표 보는 법

- 늘림코 = 짧은뜨기 2코 늘려뜨기
- 줄임코 = 짧은뜨기 2코 모아뜨기
- 증감 없음 = 코마다 짧은뜨기 1코씩 뜨기
- 같은 단에서 동일한 뜨기가 반복될 경우 '( )×○회'로 표시
- 짧은뜨기의 기둥코는 사슬뜨기 1코와 같고, 기둥코는 전체 콧수에 포함하지 않는다.

만드는 법

1 도안을 참고해 연두색 실로 눈을 뜬다.

2 A는 3단까지 뜬 후, 5cm 정도만 남기고 가위로 자른다.

3 B는 3단까지 뜬 후, 자르지 말고 그대로 두고 A와 연결하여 뜬다.

TIP A와 B의 3단은 원래 14코이지만 1코는 뜨지 않고 13코까지 떠야 A와 B를 연결했을 때 사슬로 뜨기 시작한 부분이 수평이 된다. A 14코, B 14코로 연결하면 4단은 28코가 된다.

4 16단까지 도안대로 떠서 얼굴&머리를 만든다.

5 도안을 참고해 몸통을 뜨고 얼굴&머리와 몸통에 솜을 넣어 연결한다.

6 도안을 참고해 팔을 뜨고 얼굴&머리와 몸통의 경계에 돗바늘로 꿰매 붙인다.

7 도안을 참고해 다리를 뜨고 몸통 아래쪽에 돗바늘로 꿰매 붙인다.

8 흰색과 파란색 펠트지를 각각 동그랗게 잘라서 눈을 만들고 머리에 붙인다.

9 돗바늘에 자수실 또는 뜨개실(검은색)을 꿰고 콧구멍과 입 무늬를 수놓는다.

포비 만들기

얼굴&머리(연두색)

사슬뜨기 3코를 뜬 후, 기둥코(사슬뜨기 1코)를 세워서 1단을 시작한다.

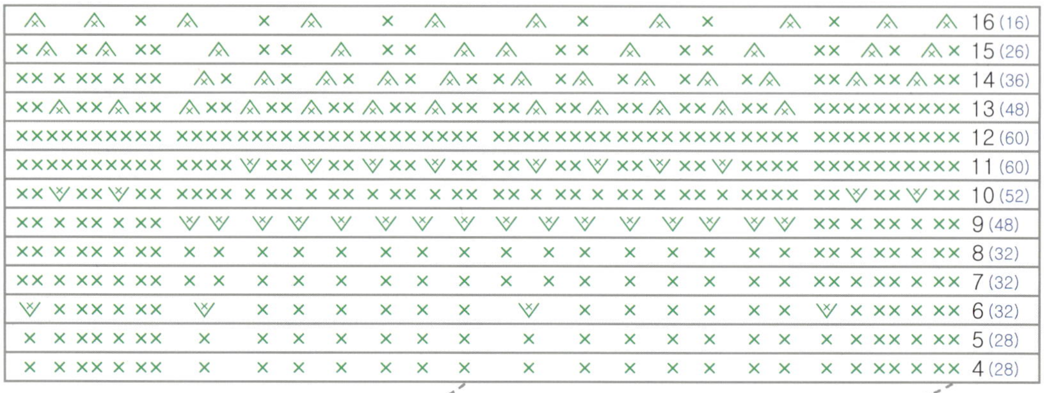

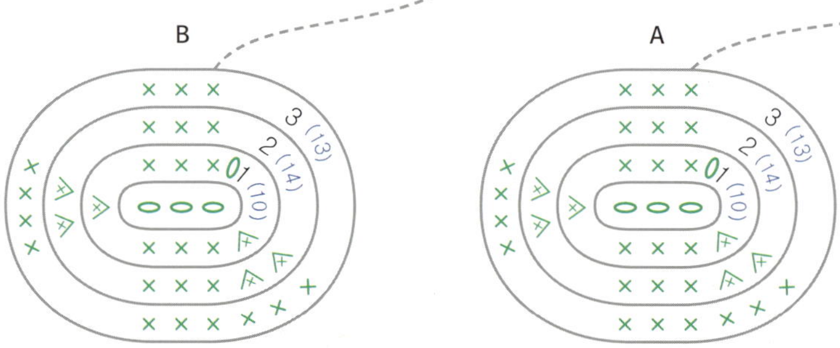

B: 3단까지 뜬 후 실을 자르지 않고 4단에 연결해서 뜬다.

A: 3단까지 뜬 후 실을 자른다.

A와 B의 도안은 같다. (1~3단)

단수	콧수	뜨는 방법
1	10	사슬뜨기 1코(기둥코), (짧은뜨기 3코, 늘림코 1번)×2회
2	14	(짧은뜨기 3코, 늘림코 2번)×2회
3	13	짧은뜨기 13코
4	28	짧은뜨기 28코
5	28	증감 없음
6	32	(짧은뜨기 6코, 늘림코 1번)×4번
7~8	32	증감 없음
9	48	짧은뜨기 8코, 늘림코 16번, 짧은뜨기 8코
10	52	(짧은뜨기 2코, 늘림코 1번)×2회, 짧은뜨기 36코, (늘림코 1번, 짧은뜨기 2코)×2회
11	60	짧은뜨기 14코, (늘림코 1번, 짧은뜨기 2코)×4회, (짧은뜨기 2코, 늘림코 1번)×4회, 짧은뜨기 14코
12	60	증감 없음
13	48	짧은뜨기 10코, (줄임코 1번, 짧은뜨기 2코)×5회, (짧은뜨기 2코, 줄임코 1번)×7회, 짧은뜨기 2코
14	36	(짧은뜨기 2코, 줄임코 1번)×3회, (짧은뜨기 1코, 줄임코 1번)×4회, 짧은뜨기 1코, (짧은뜨기 1코, 줄임코 1번)×5회, 짧은뜨기 8코
15	26	(짧은뜨기 1코, 줄임코 1번)×2회, (짧은뜨기 2코, 줄임코 1번)×3회, (줄임코 1번, 짧은뜨기 2코)×3회, (줄임코 1번, 짧은뜨기 1코)×2회
16	16	줄임코 2번, (짧은뜨기 1코, 줄임코 1번)×3회, (줄임코 1번, 짧은뜨기 1코)×3코, 줄임코 2번

얼굴&머리 뜨기

도안의 A를 뜬 다음 5cm 정도 실을 남겨 자르고, B 부분은 뜨고 난 후 실을 자르지 않고 연결된 채로 둔다.

B의 코에 코바늘을 넣고 왼손 엄지와 중지로 A를 잡는다.

A의 다음 코에 코바늘을 넣는다.

이때 A에서 남겨둔 실을 감싸면서 뜬다.

TIP 남은 실을 감싸면서 뜨면 실 정리를 따로 하지 않아도 된다.

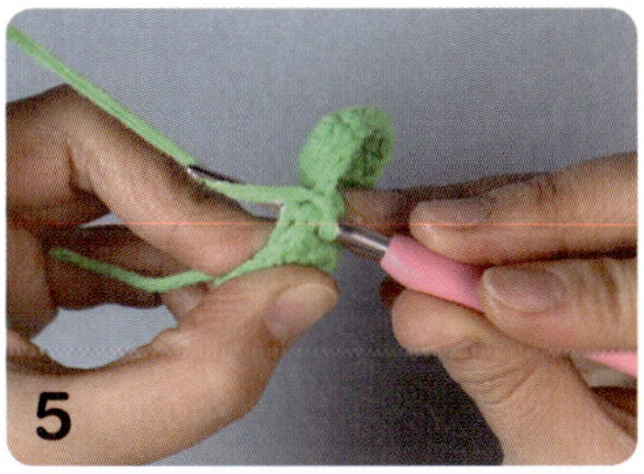

A에서 남은 실을 코바늘 위에 올리고 풀리지 않도록 왼손으로 잡은 후 실을 감는다.

감은 실을 앞으로 끌어내면 코바늘 위에 2줄의 실이 걸려있게 된다.

검지에 걸린 실을 코바늘로 감는다.

2줄의 실 사이로 한 번에 빼낸다.

2번째 코부터 A의 남은 코를 모두 뜬 후, B의 첫 코를 뜨기 시작해서 끝까지 뜬다.

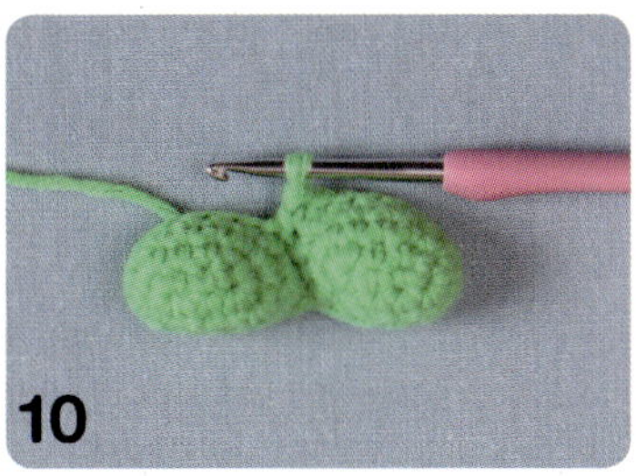

사진과 같이 A와 B를 부분을 연결해 눈 부분을 만들고 도안을 참고해 얼굴&머리를 완성한다.

몸통(연두색)

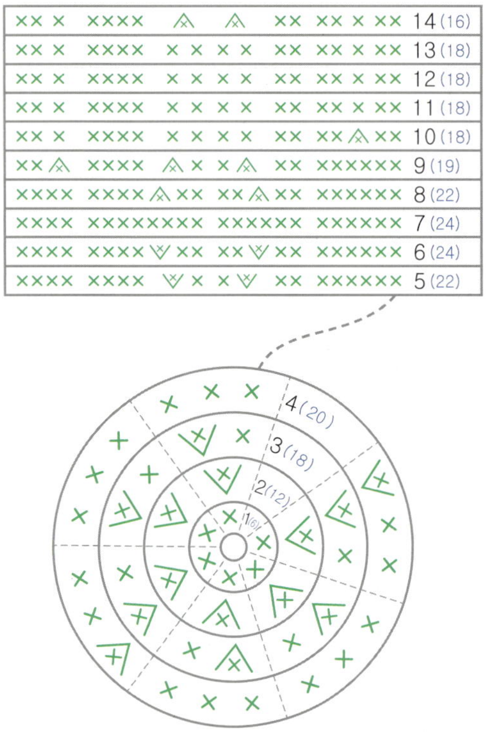

단수	콧수	뜨는 방법
1	6	짧은뜨기 6코
2	12	늘림코 6번
3	18	(짧은뜨기 1코, 늘림코 1번)×6회
4	20	(짧은뜨기 8코, 늘림코 1번)×2회
5	22	짧은뜨기 8코, 늘림코 1번, 짧은뜨기 2코, 늘림코 1번, 짧은뜨기 8코
6	24	짧은뜨기 8코, 늘림코 1번, 짧은뜨기 4코, 늘림코 1번, 짧은뜨기 8코
7	24	증감 없음
8	22	짧은뜨기 8코, 줄임코 1번, 짧은뜨기 4코, 줄임코 1번, 짧은뜨기 8코
9	19	짧은뜨기 8코, 줄임코 1번, 짧은뜨기 2코, 줄임코 1번, 짧은뜨기 4코, 줄임코 1번, 짧은뜨기 2코
10	18	짧은뜨기 2코, 줄임코 1번, 짧은뜨기 15코
11~13	18	증감 없음
14	16	짧은뜨기 7코, 줄임코 2번, 짧은뜨기 7코

팔(연두색) 2개

사슬뜨기 3코를 뜬 후, 기둥코(사슬뜨기 1코)를 세워 1단을 시작한다.

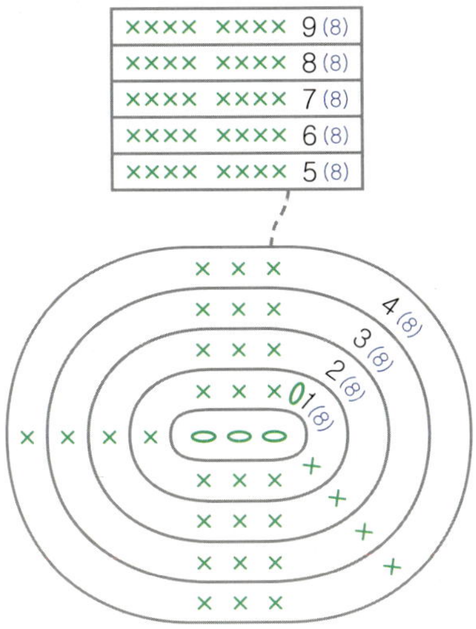

단수	콧수	뜨는 방법
1	8	사슬뜨기 1코(기둥코), 짧은뜨기 8코
2~9	8	증감 없음

다리(연두색) 2개

사슬뜨기 4코를 뜬 후, 기둥코(사슬뜨기 1코)를 세워서 1단을 시작한다.

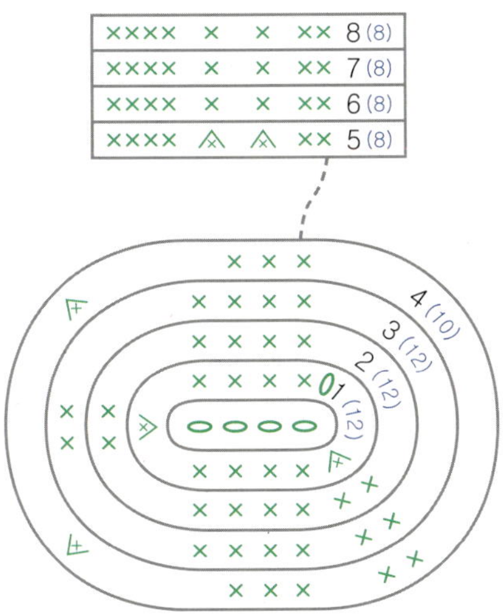

단수	콧수	뜨는 방법
1	12	사슬뜨기 1코(기둥코), (짧은뜨기 4코, 늘림코 1번)×2회
2~3	12	증감 없음
4	10	짧은뜨기 3코, 줄임코 2번, 짧은뜨기 5코
5	8	짧은뜨기 2코, 줄임코 2번, 짧은뜨기 4코
6~8	8	증감 없음

줄무늬 티셔츠(흰색, 주황색)

※ 하늘색 티셔츠의 도안도 같음.

사슬뜨기 30코를 뜬 후, 기둥코(사슬뜨기 1코)를 세워 1단을 시작한다.

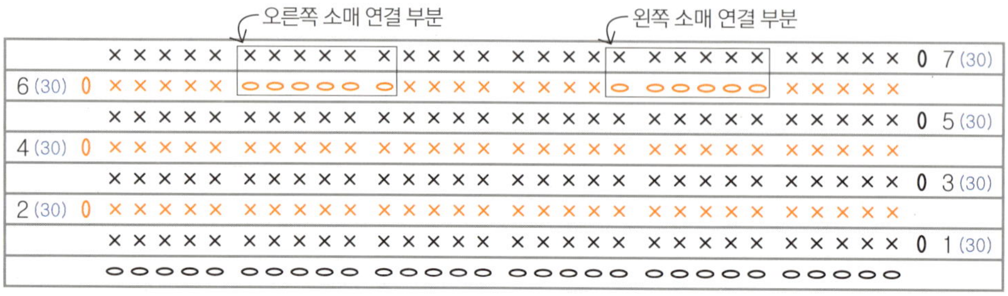

단수	콧수	뜨는 방법
1~5	30	사슬뜨기 1코(기둥코), 짧은뜨기 30코
6	30	사슬뜨기 1코(기둥코), 짧은뜨기 5코, 사슬뜨기 6코, 짧은뜨기 8코, 사슬뜨기 6코, 짧은뜨기 5코
7	30	짧은뜨기 30코

오른쪽 소매(흰색, 주황색)

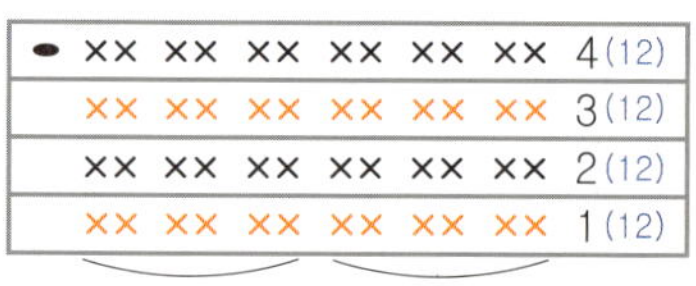

티셔츠 몸판의 사슬뜨기 부분에 연결해서 뜬다. 티셔츠 몸판의 짧은뜨기 부분에 연결해서 뜬다.

왼쪽 소매(흰색, 주황색)

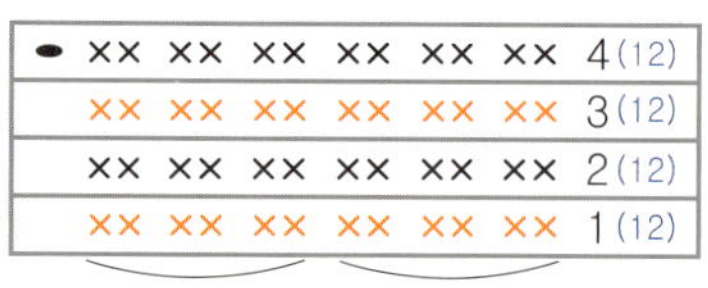

티셔츠 몸판의 짧은뜨기 부분에 연결해서 뜬다. 티셔츠 몸판의 사슬뜨기 부분에 연결해서 뜬다.

단수	콧수	뜨는 방법
1~4	12	짧은뜨기 12코 빼뜨기로 마무리

신발(주황색)

사슬뜨기 4코를 뜬 후, 기둥코(사슬뜨기 1코)를 세운 다음 1단을 시작한다.

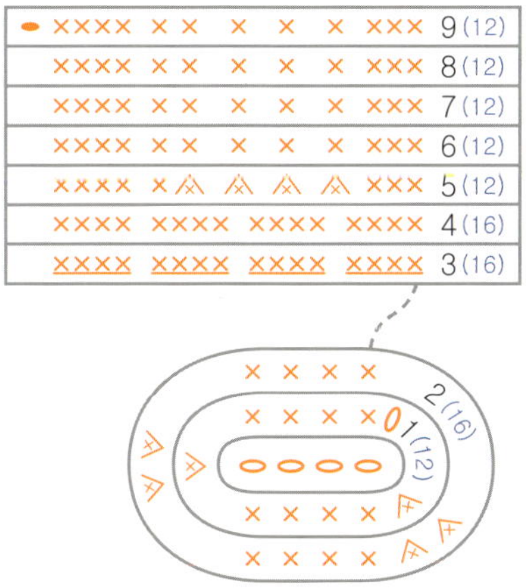

단수	콧수	뜨는 방법
1	12	사슬뜨기 1코(기둥코), (짧은뜨기 4코, 늘림코 1번)×2회
2	16	(짧은뜨기 4코, 늘림코 2번)×2회
3	16	짧은뜨기 이랑뜨기 16코
4	16	증감 없음
5	12	짧은뜨기 3코, 줄임코 4번, 짧은뜨기 5코
6~9	12	증감 없음, 9단 뜨고 빼뜨기로 마무리

스카프(주황색)

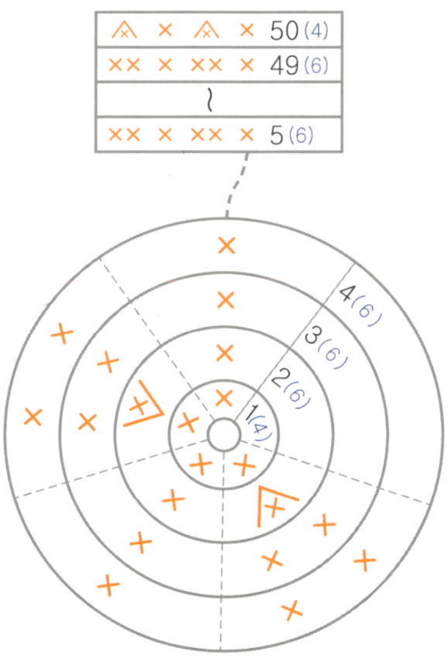

단수	콧수	뜨는 방법
1	4	짧은뜨기 4코
2	6	(짧은뜨기 1코, 늘림코 1번)×2회
3~49	6	증감 없음
50	4	(짧은뜨기 1코, 줄임코 1번)×2회

× 팬지 ×

팬지는 따뜻한 곳을 찾아 여름 숲으로 온 펭귄이에요.
추위를 싫어하지만 가끔은 눈 내리는 고향을 그리워하는 팬지는
몸통의 앞뒤 색이 다른 반전 매력의 소유자랍니다.

상세 정보 난이도 ★★ 완성 크기 20cm

준비물

실: 흰색, 검은색, 초록색, 주황색

바늘: 모사용 코바늘 5/0호

기타: 자수실 또는 뜨개실(검은색), 펠트지(흰색, 검은색), 돗바늘, 솜, 가위, 목공풀 또는 글루건

사용한 뜨개 기법

사슬뜨기, 짧은뜨기, 짧은뜨기 2코 늘려뜨기, 짧은뜨기 3코 늘려뜨기, 짧은뜨기 2코 모아뜨기, 긴뜨기, 빼뜨기

팁

몸통에서 흰색에서 검은색으로 색이 바뀐 경계를 위쪽으로 놓고 머리를 꿰매면 경계를 가릴 수 있다.

뜨는 순서

얼굴&머리 → 몸통 → 부리 → 팔 → 다리 → 꼬리 → 모자

표 보는 법

- 늘림코 = 짧은뜨기 2코 늘려뜨기
- 줄임코 = 짧은뜨기 2코 모아뜨기
- 증감 없음 = 코마다 짧은뜨기 1코씩 뜨기
- 같은 단에서 동일한 뜨기가 반복될 경우 '( )×○회'로 표시
- 짧은뜨기의 기둥코는 사슬뜨기 1코와 같고, 기둥코는 전체 콧수에 포함하지 않는다.

만드는 법

1 도안을 참고해 검은색 실로 얼굴&머리를 뜨고 솜을 넣는다.

2 도안을 참고해 몸통을 19단까지 뜨고 솜을 넣은 후 끝까지 뜨고 실을 정리한다.

3 얼굴&머리를 뜨고 남겨둔 실을 돗바늘에 꿴 후, 몸통에서 흰색과 검은색이 교차한 부분이 위로 오도록 놓고 꿰매 붙인다.

4 부리를 떠서 얼굴 위에 놓고 돗바늘로 꿰매 붙인다.

5 도안을 참고해 팔을 뜨고, 솜을 70% 정도만 넣고 얼굴&머리와 몸통의 경계인 흰색과 검은색이 바뀐 부분, 얼굴 바로 아래쪽부터 팔을 꿰매 붙인다.

6 도안을 참고해 다리를 뜨고 솜을 가득 넣은 후, 몸통 아래쪽에 동그랗게 꿰매 붙인다. 다리와 다리 사이는 2코 간격을 둔다.

7 도안을 참고해 꼬리를 뜨고, 다리를 꿰매 붙인 곳부터 3단 위쪽에 동그랗게 꿰매 붙이다가 솜을 넣고 마무리한다.

8 돗바늘에 검은색 실을 꿰고 부리 위에 입 모양을 수놓는다.

9 하얀색 펠트지와 하늘색 펠트지를 각각 동그랗게 잘라 눈 모양을 만들고 얼굴에 붙인다.

10 모자를 뜨고, 남은 실로 얼굴 위쪽에 돗바늘로 꿰매 붙인다.

팬지 만들기

얼굴&머리(검은색)

사슬뜨기로 7코를 뜬 후, 기둥코(사슬뜨기 1코)를 세워 1단을 시작한다.

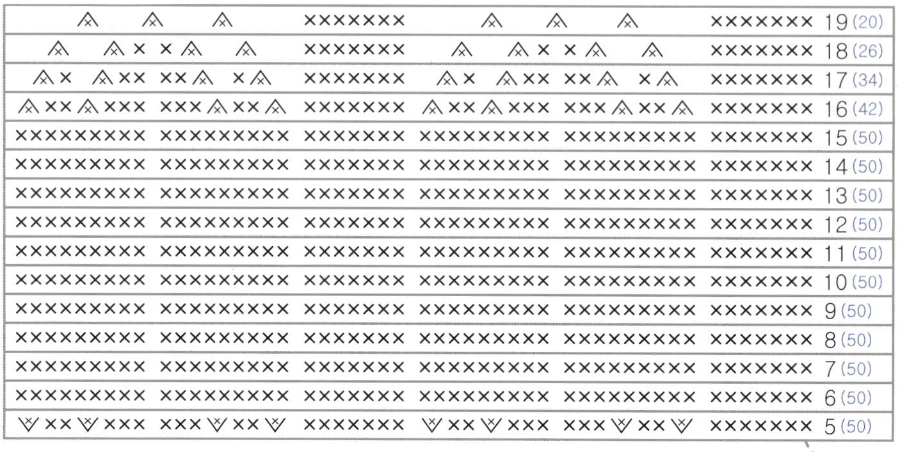

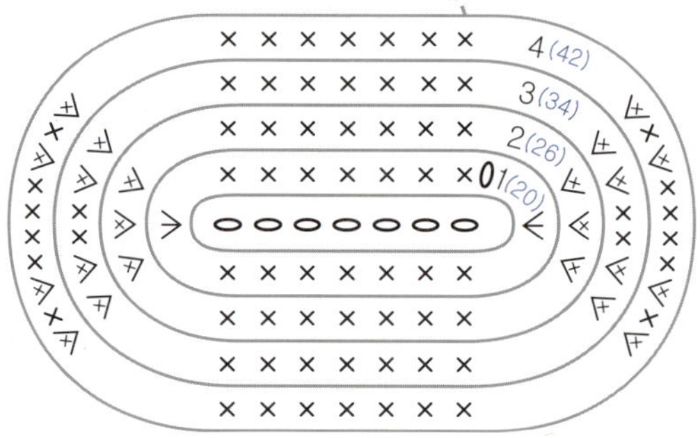

단수	콧수	뜨는 내용
1	20	사슬뜨기 1코(기둥코), (짧은뜨기 7코, 짧은뜨기 3코 늘려뜨기 1번)×2회
2	26	(짧은뜨기 7코, 늘림코 3번)×2회
3	34	(짧은뜨기 7코, 늘림코 2번, 짧은뜨기 2코, 늘림코 2번)×2회
4	42	(짧은뜨기 7코, 늘림코 1번, 짧은뜨기 1코, 늘림코 1번, 짧은뜨기 4코, 늘림코 1번, 짧은뜨기 1코, 늘림코 1번)×2회
5	50	(짧은뜨기 7코, 늘림코 1번, 짧은뜨기 2코, 늘림코 1번, 짧은뜨기 6코, 늘림코 1번, 짧은뜨기 2코, 늘림코 1번)×2회
6~15	50	증감 없음
16	42	(짧은뜨기 7코, 줄임코 1번, 짧은뜨기 2코, 줄임코 1번, 짧은뜨기 6코, 줄임코 1번, 짧은뜨기 2코, 줄임코 1번)×2회
17	34	(짧은뜨기 7코, 줄임코 1번, 짧은뜨기 1코, 줄임코 1번, 짧은뜨기 4코, 줄임코 1번, 짧은뜨기 1코, 줄임코 1번)×2회
18	26	(짧은뜨기 7코, 줄임코 2번, 짧은뜨기 2코, 줄임코 2번)×2회
19	20	(짧은뜨기 7코, 줄임코 3번)×2회 40cm 정도 여유를 두고 실을 자른다.

몸통(흰색, 검은색)

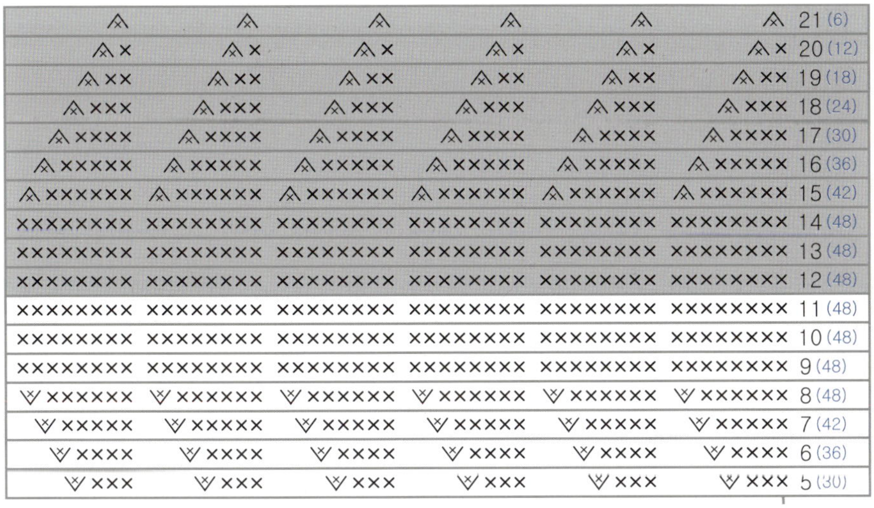

단수	콧수	뜨는 방법
1	6	짧은뜨기 6코
2	12	늘림코 6번
3	18	(짧은뜨기 1코, 늘림코 1번)×6회
4	24	(짧은뜨기 2코, 늘림코 1번)×6회
5	30	(짧은뜨기 3코, 늘림코 1번)×6회
6	36	(짧은뜨기 4코, 늘림코 1번)×6회
7	42	(짧은뜨기 5코, 늘림코 1번)×6회
8	48	(짧은뜨기 6코, 늘림코 1번)×6회
9~14	48	증감 없음
15	42	(짧은뜨기 6코, 줄임코 1번)×6회
16	36	(짧은뜨기 5코, 줄임코 1번)×6회
17	30	(짧은뜨기 4코, 줄임코 1번)×6회
18	24	(짧은뜨기 3코, 줄임코 1번)×6회
19	18	(짧은뜨기 2코, 줄임코 1번)×6회
20	12	(짧은뜨기 1코, 줄임코 1번)×6회
21	6	줄임코 6번

부리(주황색)

사슬뜨기 4코를 뜬 후, 기둥코(사슬뜨기 1코)를 세워 1단을 시작한다.

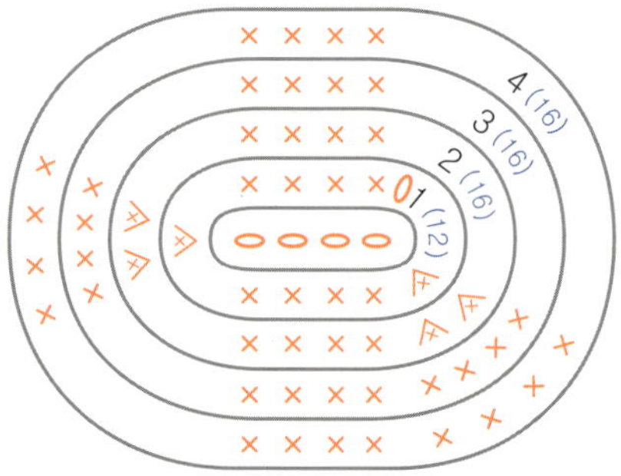

단수	콧수	뜨는 내용
1	12	사슬뜨기 1코(기둥코), (짧은뜨기 4코, 늘림코 1번)×2회
2	16	(짧은뜨기 4코, 늘림코 2번)×2회
3~4	16	증감 없음. 40cm 정도 여유를 두고 실을 자른다.

팔(검은색) 2개

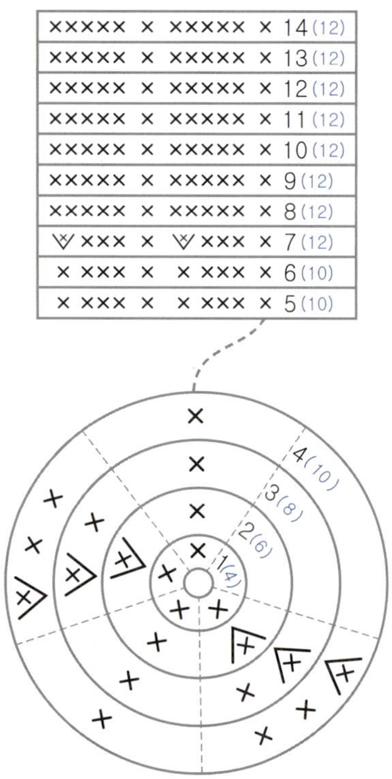

단수	콧수	뜨는 방법
1	4	짧은뜨기 4코
2	6	(짧은뜨기 1코, 늘림코 1번)×2회
3	8	(짧은뜨기 2코, 늘림코 1번)×2회
4	10	(짧은뜨기 3코, 늘림코 1번)×2회
5~6	10	증감 없음
7	12	(짧은뜨기 4코, 늘림코 1번)×2회
8~14	12	증감 없음

다리(주황색) 2개

사슬뜨기 4코를 뜬 후, 기둥코(사슬뜨기 1코)를 세워 1단을 시작한다.

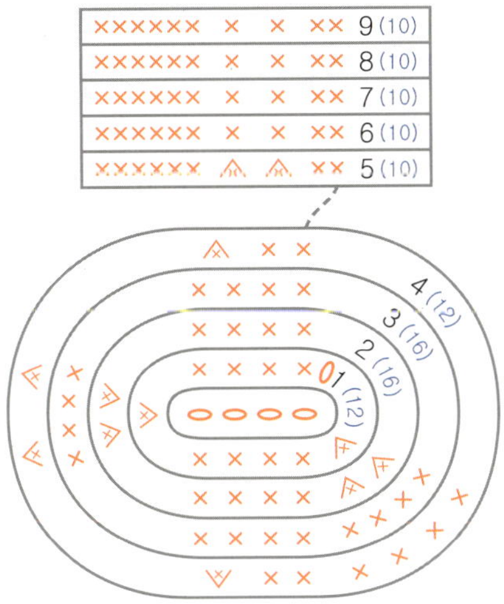

단수	콧수	뜨는 방법
1	12	사슬뜨기 1코(기둥코), (짧은뜨기 4코, 늘림코 1번)×2회
2	16	(짧은뜨기 4코, 늘림코 2번)×2회
3	16	증감 없음
4	12	짧은뜨기 2코, 줄임코 4번, 짧은뜨기 6코
5	10	짧은뜨기 2코, 줄임코 2번, 짧은뜨기 6코
6~9	10	증감 없음

꼬리(검은색)

단수	콧수	뜨는 방법
1	4	짧은뜨기 4코
2	6	(짧은뜨기 1코, 늘림코 1번)×2회
3	8	(짧은뜨기 2코, 늘림코 1번)×2회
4	10	(짧은뜨기 3코, 늘림코 1번)×2회

모자 윗부분(주황색, 초록색)

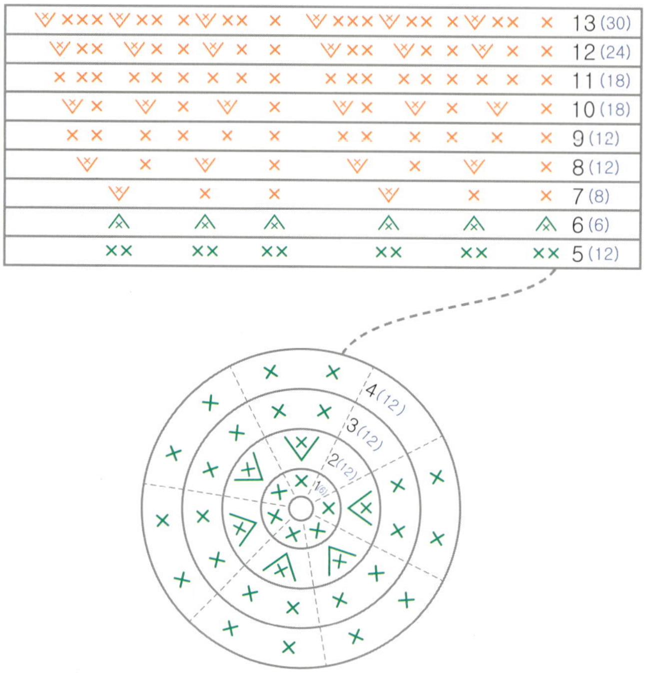

단수	콧수	뜨는 방법
1	6	짧은뜨기 6코
2	12	늘림코 6번
3~5	12	증감 없음
6	6	줄임코 6번
7	8	(짧은뜨기 2코, 늘림코 1번)×2회
8	12	(짧은뜨기 1코, 늘림코 1번)×4회
9	12	증감 없음
10	18	(짧은뜨기 1코, 늘림코 1번)×6회
11	18	증감 없음
12	24	(짧은뜨기 2코, 늘림코 1번)×6회
13	30	(짧은뜨기 3코, 늘림코 1번)×6회 40cm 여유를 두고 실을 자른다.

모자 아랫부분(주황색)

사슬뜨기 16코를 뜬 후, 기둥코(사슬뜨기 1코)를 세워 1단을 시작한다.

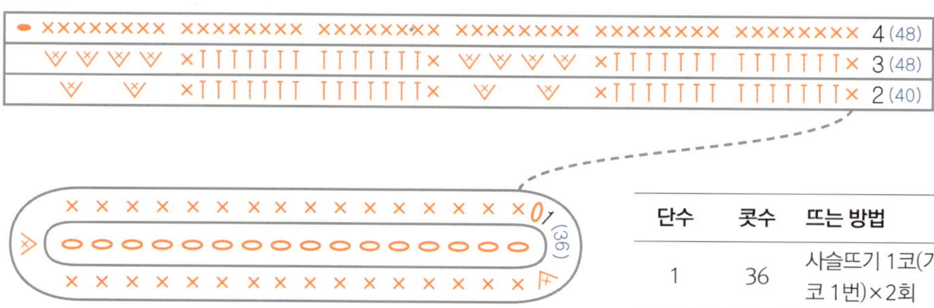

단수	콧수	뜨는 방법
1	36	사슬뜨기 1코(기둥코), (짧은뜨기 16코, 늘림코 1번)×2회
2	40	(짧은뜨기 1코, 긴뜨기 14코, 짧은뜨기 1코, 늘림코 2번)×2회
3	48	(짧은뜨기 1코, 긴뜨기 14코, 짧은뜨기 1코, 늘림코 4번)×2회
4	48	증감 없음, 빼뜨기로 마무리

※ 모자 윗부분과 아랫부분을 도안대로 뜬 후, 돗바늘로 연결한다(p.82 '연결하기-모자' 참조).

연결하기 - 몸통

도안을 참고해 몸통을 뜨고 남은 실을 정리한다.

도안을 참고해 얼굴&머리를 뜬다. 40cm 정도 실을 남기고 자른 후, 솜을 넣는다.

돗바늘에 남은 실을 꿴 후, 다음 코에 돗바늘을 넣는다.

실을 당긴다.

흰색에서 검은색으로 색이 바뀐 부분이 위쪽을 향하게 놓는다.

몸통 위에 얼굴을 올리고 돗바늘로 꿰맨다.

끝까지 꿰매지 않고 구멍을 조금 남긴 다음 솜을 더 채운다.

솜을 다 채우고 끝까지 꿰맨 후, 마지막 코에서 다른쪽 코 사이로 돗바늘을 넣고 빼낸다.

머리와 몸통이 밀착되도록 바짝 당겨 매듭을 짓는다.

돗바늘을 빼낸 자리에 다시 넣고, 솜 사이를 통과시켜 다른 코로 빼낸다.
이 과정을 3~4번 정도 반복하면 남은 실이 바깥으로 빠져나오지 않는다. 남은 실은 당겨서 바짝 자른다.

머리와 몸통을 연결한 모습.

연결하기 - 부리

도안대로 부리를 뜬 후, 40cm 정도의 실을 남기고 가위로 자른다.

남은 실을 돗바늘에 꿰고, 다음 코에 넣는다.

부리를 얼굴 위에 올리고, 얼굴의 아래쪽부터 꿰맨다.

끝까지 꿰매지 않고 조금 남겨놓은 구멍 사이로 솜을 채운다.

끝까지 꿰맨 후 실을 정리한다.

× 토리 ×

굴리굴리 숲에 사는 도토리 토리입니다.
멋진 모자를 쓰고 숲을 구경하는 것을 좋아해요.
토리 인형을 만들어 열쇠고리로 활용하거나 가방에 포인트로 장식해보세요.

상세 정보

난이도 ★ 완성 크기 5cm

준비물

실: 진갈색, 아이보리색, 황토색

바늘: 모사용 코바늘 3/0호, 5/0호

기타: 입 수놓는 검은색 실, 나사형 눈 2개, 돗바늘, 솜, 가위

사용한 뜨개 기법

사슬뜨기, 짧은뜨기, 짧은뜨기 2코 늘려뜨기, 짧은뜨기 2코 모아뜨기, 한길긴뜨기, 빼뜨기, 한길긴뜨기 3코 구슬뜨기

팁

팔, 다리를 뜰 때 사슬을 만들기 전과 다 뜬 후에 실 길이를 똑같이 남기면 몸통에 연결할 때 편하다.

뜨는 순서

몸통 → 모자 → 팔 → 다리

표 보는 법

- 늘림코 = 짧은뜨기 2코 늘려뜨기
- 줄임코 = 짧은뜨기 2코 모아뜨기
- 증감 없음 = 코마다 짧은뜨기 1코씩 뜨기
- 같은 단에서 동일한 뜨기가 반복될 경우 '( )×○회'로 표시
- 짧은뜨기의 기둥코는 사슬뜨기 1코와 같고, 기둥코는 전체 콧수에 포함하지 않는다.

만드는 법

1 도안을 참고해 몸통을 15단까지 뜬 다음 솜을 넣은 후, 16단을 뜬다. 남은 실을 정리한다.

2 도안을 참고해 모자를 뜬 후, 남은 실을 정리한다.

3 팔을 떠서 몸통의 왼쪽과 오른쪽 9~10단 사이, 다리를 떠서 몸통 아래쪽으로 1~2단 사이에 돗바늘로 꿰매 붙인다.

4 몸통에 나사형 눈을 끼운다.

5 돗바늘에 검은색 실을 꿴 후, 입 모양을 수놓는다.

토리 만들기

몸통(황토색, 아이보리색)

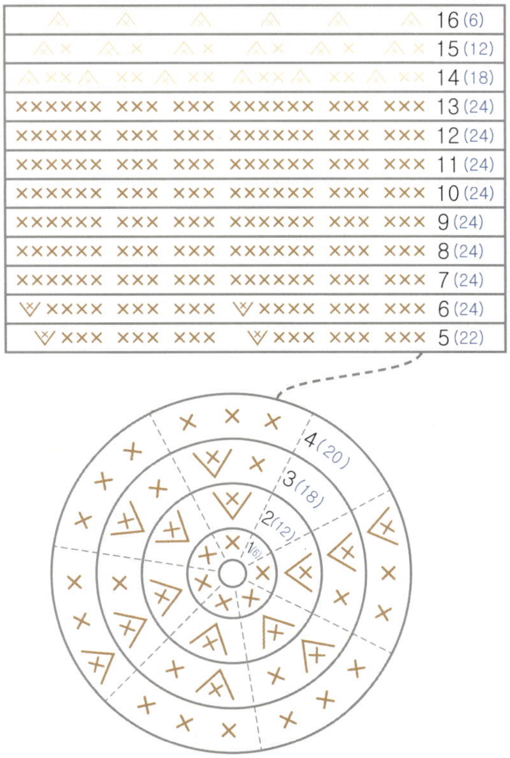

단수	콧수	뜨는 방법
1	6	짧은뜨기 6코
2	12	늘림코 6번
3	18	(짧은뜨기 1코, 늘림코 1번)×6회
4	20	(짧은뜨기 8코, 늘림코 1번)×2회
5	22	(짧은뜨기 9코, 늘림코 1번)×2회
6	24	(짧은뜨기 10코, 늘림코 1번)×2회
7~13	24	증감 없음
14	18	(짧은뜨기 2코, 줄임코 1번)×6회
15	12	(짧은뜨기 1코, 줄임코 1번)×6회
16	6	줄임코 6번

모자(진갈색)

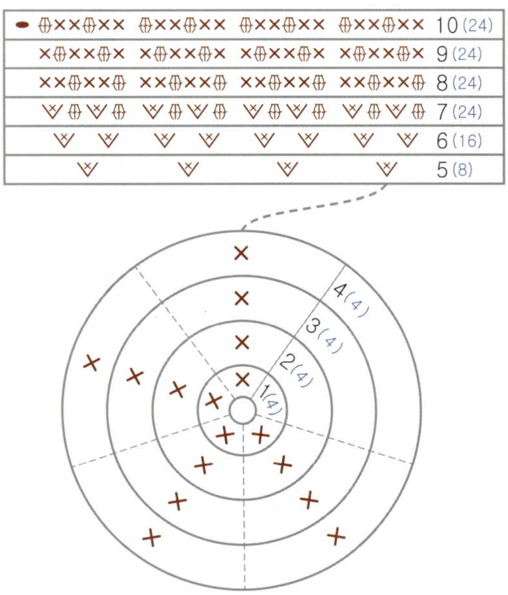

단수	콧수	뜨는 방법
1	4	짧은뜨기 4코
2~4	4	증감 없음
5	8	늘림코 4번
6	16	늘림코 8번
7	24	(한길긴뜨기 3코 구슬뜨기 1코, 늘림코 1번)×8회
8	24	(한길긴뜨기 3코 구슬뜨기 1코, 짧은뜨기 2번)×8회
9	24	(짧은뜨기 1코, 한길긴뜨기 3코 구슬뜨기 1코, 짧은뜨기 1코)×8회
10	24	(짧은뜨기 2코, 한길긴뜨기 3코 구슬뜨기 1코)×8회, 빼뜨기.

모자 뜨기

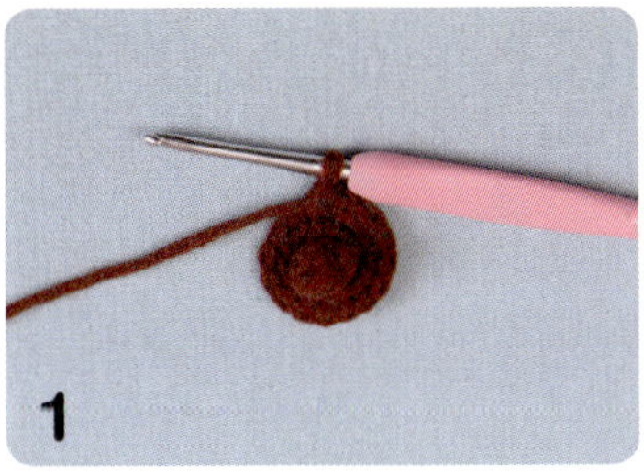

모자 도안을 참고해 6단까지 뜬다.

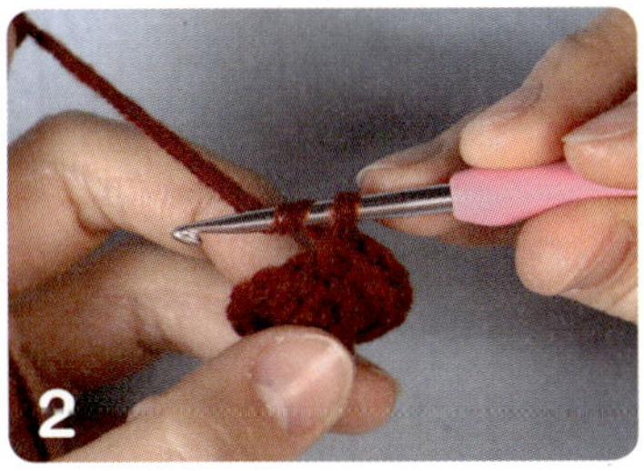

코바늘에 실을 한 번 감는다.

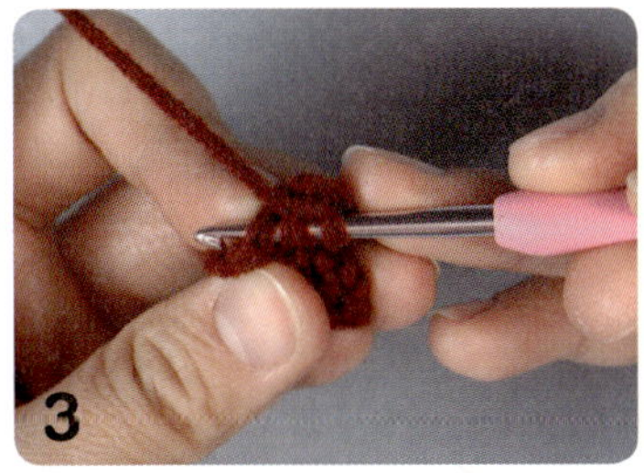

실을 감은 상태에서 다음 코에 코바늘을 넣는다.

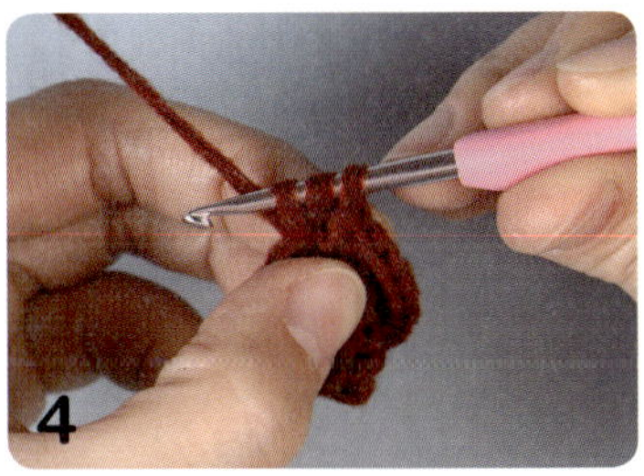

검지에 걸린 실을 한 번 감아서 빼내면 코바늘 위에 3줄이 걸려있게 된다.

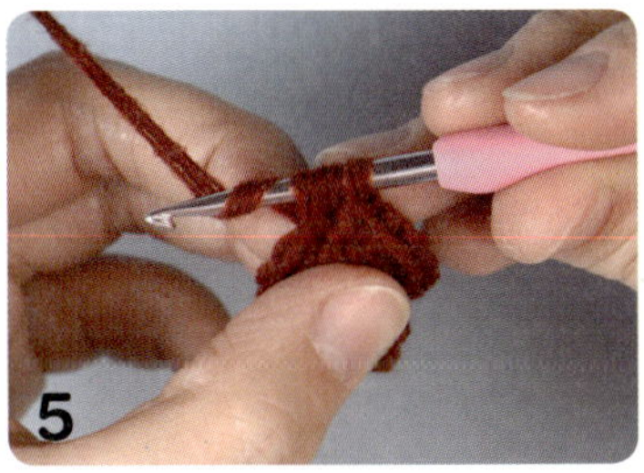

코바늘에 실을 감는다.

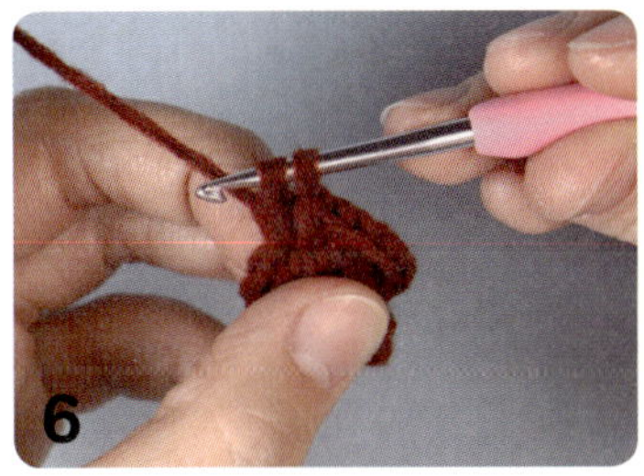

앞의 2개의 고리 안으로 감은 실을 빼낸다.

다시 코바늘에 실을 감는다.

과정 3에서 코바늘을 넣었던 코에 다시 넣는다.

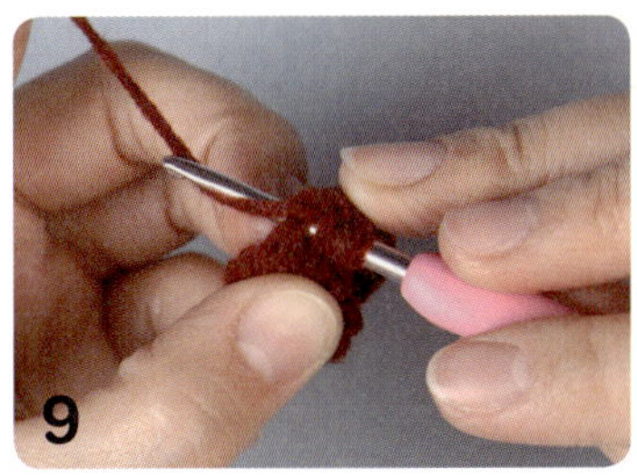

실을 감는다.

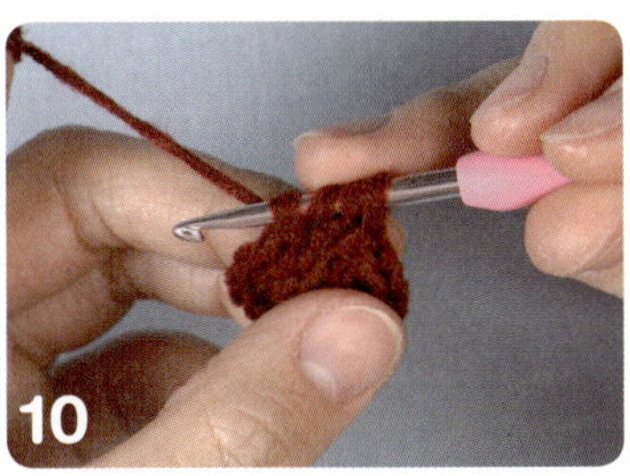

감은 실을 빼낸다. 이때 코바늘에는 4줄이 걸려있게 된다.

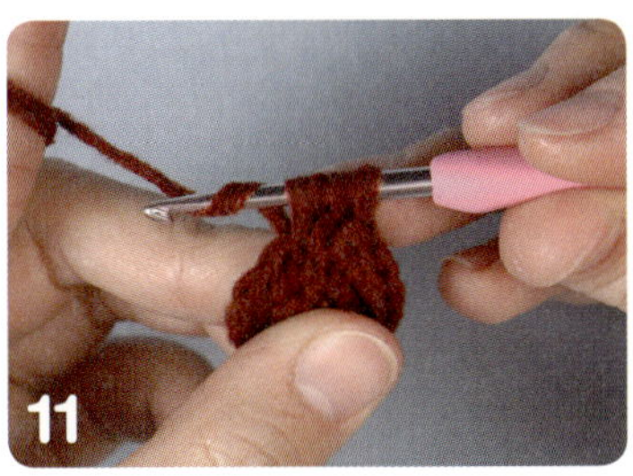

다시 실을 감는다.

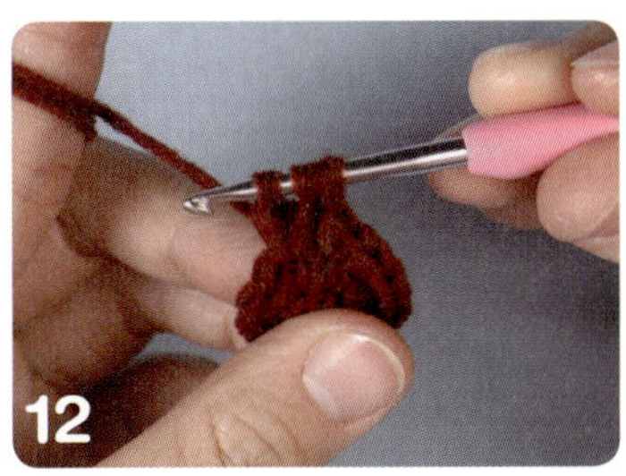

앞의 2개의 고리 안으로 감은 실을 빼낸다.

코바늘에 실을 감는다.

과정 3, 8에서 코바늘을 넣었던 코에 다시 코바늘을 넣는다.

실을 감는다.

감은 실을 빼내면 코바늘 위에 5줄이 걸려있게 되는데, 다시 코바늘로 실을 감는다.

감은 실을 앞의 2개의 고리 안으로 빼내면 코바늘 위에 4줄만 남아있게 된다.

다시 코바늘로 실을 감아서 4개의 고리 안으로 한꺼번에 빼낸다.

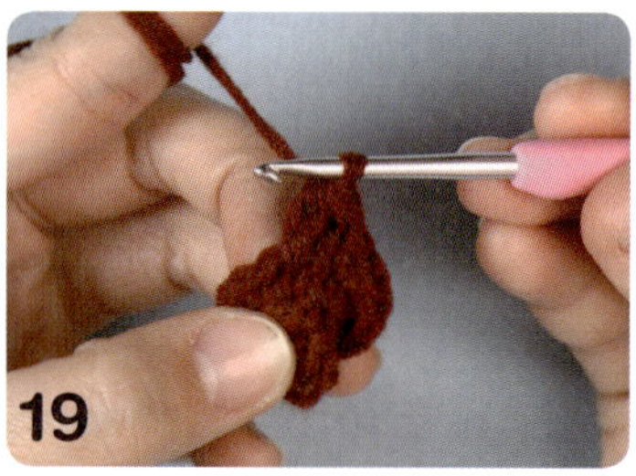

한길긴뜨기 3코 구슬뜨기를 뜬 모습.

다음 코에 코바늘을 넣은 후 실을 감아 빼낸다.

다시 실을 감아서 2개의 고리 안으로 빼낸다. (짧은뜨기 1코)

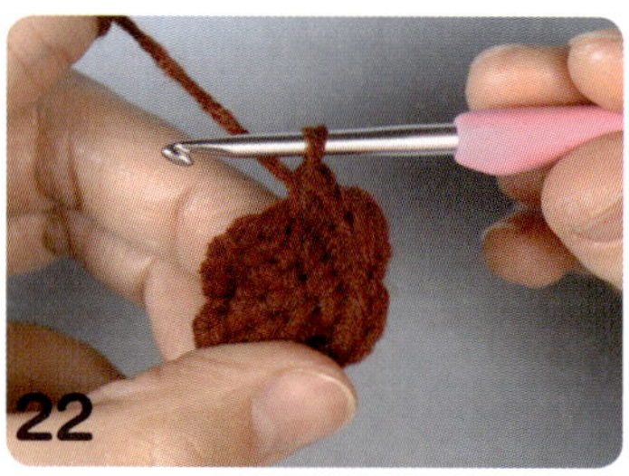

과정 21과 같은 코에 짧은뜨기 1코를 더 뜬다.

짧은뜨기를 뜨고, 한길긴뜨기 3코 구슬뜨기를 뜨면 만들어진 코가 안쪽으로 밀려들어가므로 안쪽에서 손으로 밀어내 모양을 잡는다.

모자 도안을 참고해 10단까지 떠서 모자를 완성한다.

팔, 다리(진갈색) 2개씩

사슬뜨기 5코를 떠서 시작한다.

팔

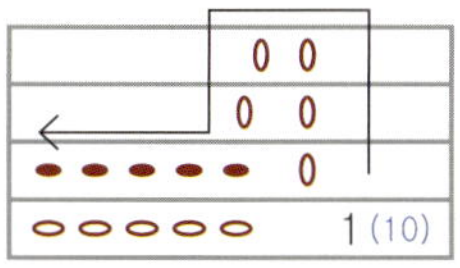

다리

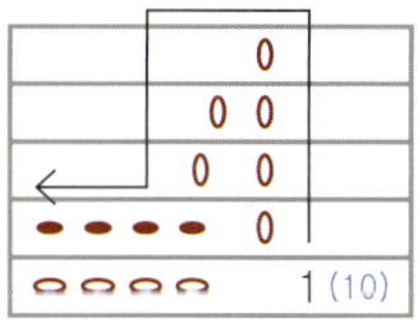

단수	콧수	뜨는 방법
1	10	사슬뜨기 5코, 빼뜨기 5코

팔 뜨기

팔 도안을 참고해 모사용 3호 코바늘로 사슬뜨기 10코를 만드는데, 이때 약 20cm 정도의 실을 남기고 시작한다.

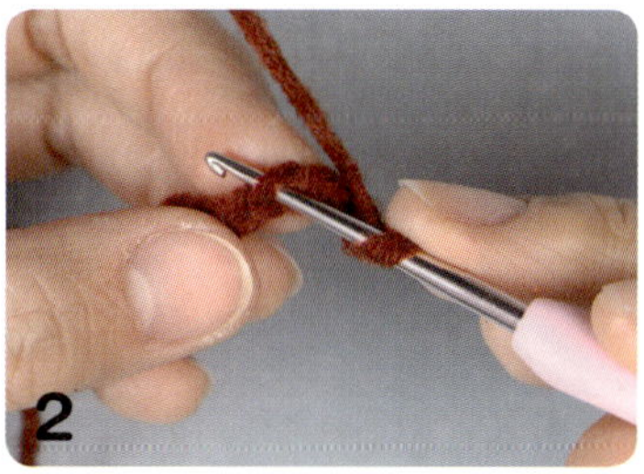

코바늘이 걸려있는 사슬코는 제외하고 그 아래의 사슬코부터 6번째 사슬코를 찾아 위쪽 한 줄에만 코바늘을 넣는다.

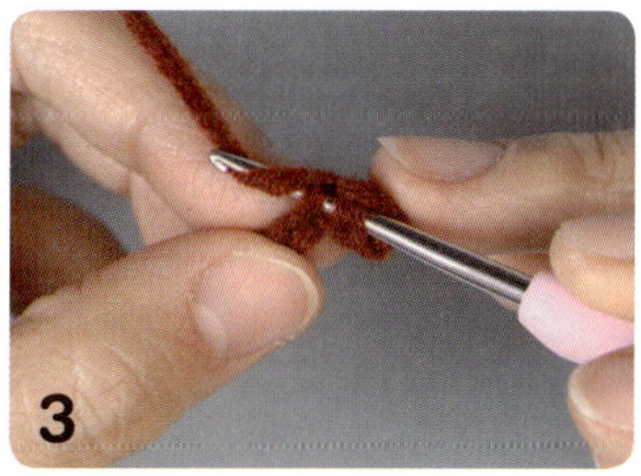

코바늘로 실을 감은 후, 빼낸다.

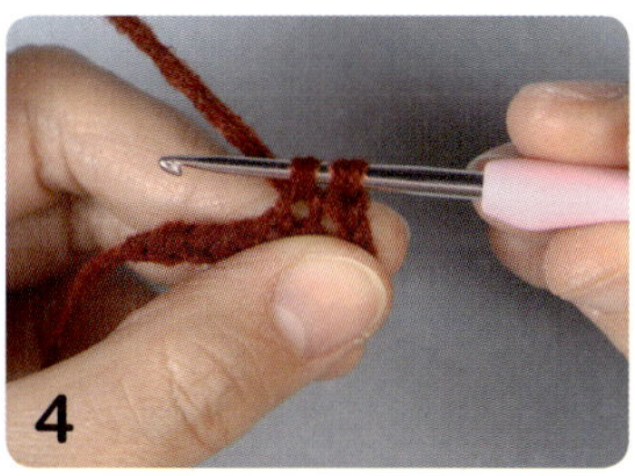

코바늘 위에 2줄이 있는 상태.

코바늘 위에 걸려있던 2줄 중 앞쪽 코를 뒤쪽 코로 빼내며 빼뜨기한다.

마지막 코까지 빼뜨기하고 20cm 정도의 실을 남긴 다음 실을 자른다.
과성 1에서 남긴 실과 함께 돗바늘에 꿰어 몸통에 꿰맨다.

× 루피 ×

루피는 머나먼 별에서 지구로 여행을 온 외계인입니다.
루피는 무엇으로든 변신할 수 있는 놀라운 능력을 가졌어요.
블루몬스터라는 별명을 가진 루피는 검은 모자와 빨간 코가 포인트랍니다.

상세 정보

난이도 ★ 완성 크기 18cm

준비물

실: 파란색, 짙은 파란색, 빨간색, 검은색

바늘: 모사용 코바늘 5/0호

기타: 자수실 또는 뜨개실(검은색), 펠트지(노란색, 검은색), 돗바늘, 공예용 와이어, 목공풀 또는 글루건, 솜, 가위

사용한 뜨개 기법

사슬뜨기, 짧은뜨기, 짧은뜨기 2코 늘려뜨기, 짧은뜨기 2코 모아뜨기, 짧은뜨기 이랑뜨기, 빼뜨기

뜨는 순서

몸통 → 팔 → 다리 → 코 → 모자

표 보는 법

- 늘림코 = 짧은뜨기 2코 늘려뜨기
- 줄임코 = 짧은뜨기 2코 모아뜨기
- 증감 없음 = 코마다 짧은뜨기 1코씩 뜨기
- 같은 단에서 동일한 뜨기가 반복될 경우 '( )×○회'로 표시
- 짧은뜨기의 기둥코는 사슬뜨기 1코와 같고, 기둥코는 전체 콧수에 포함하지 않는다.

만드는 법

1 도안을 참고해 파란색 실로 몸통을 32단까지 뜨고 솜을 넣는다.

2 36단까지 뜨고 솜을 더 넣어 모양을 잡은 후, 37단을 뜬다. 돗바늘로 남은 코를 마무리한다.

3 도안을 참고해 파란색 실로 팔을 뜨고 전체의 70% 정도만 솜을 채운다.

4 도안을 참고해 짙은 파란색 실로 다리를 뜨고 솜을 가득 채운다.

5 몸통의 21~22단 사이부터 25~26단 사이에 대각선으로 팔을 꿰매 붙인다.

6 몸통 아랫부분 2~3단 사이에 다리 2개를 꿰매 붙인다.

7 도안을 참고해 빨간색 실로 코를 만든다. 몸통의 15~16단 사이부터 19~20단 사이에 동그랗게 꿰매 붙이다가 솜을 넣어 마무리한다.

8 노란색 펠트지와 검은색 펠트지를 각각 동그랗게 잘라서 눈 모양을 만들고 몸통에 붙인다.

9 돗바늘에 검은색 실을 꿰고 입 모양을 수놓는다.

10 도안대로 모자를 뜬 다음 실을 정리하고 인형에 씌운다.

루피 만들기

얼굴&몸통(파란색)

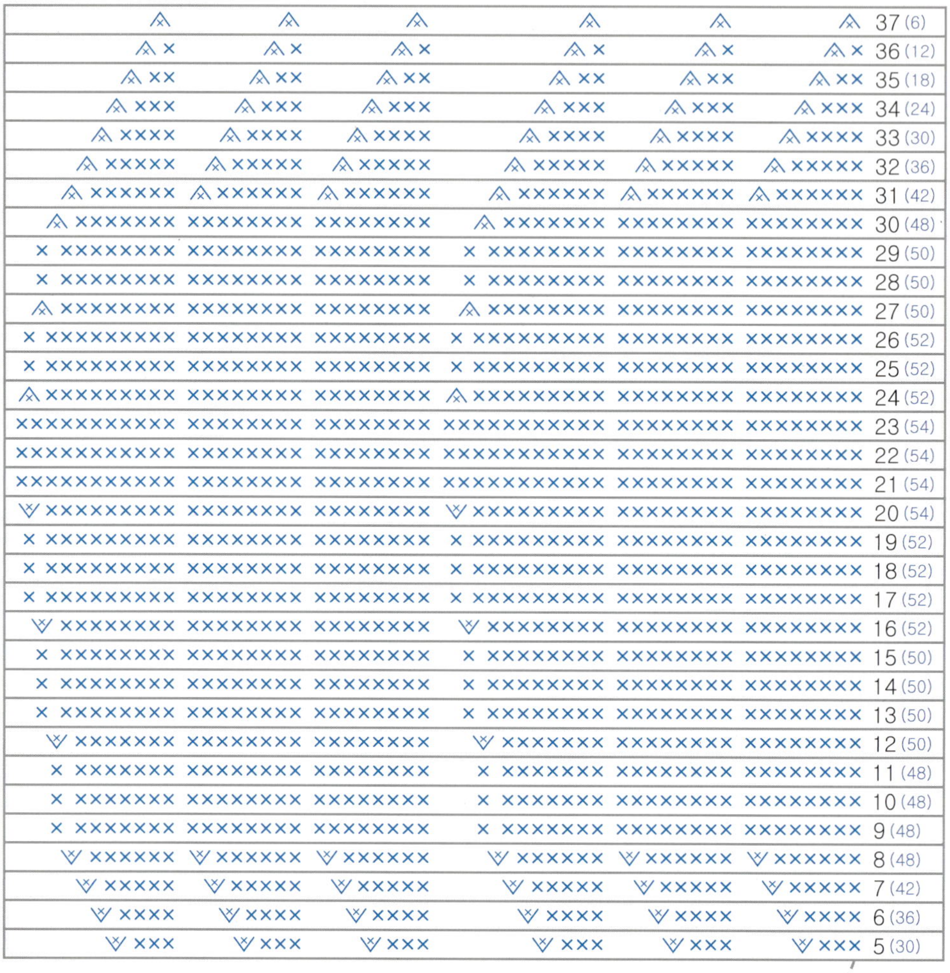

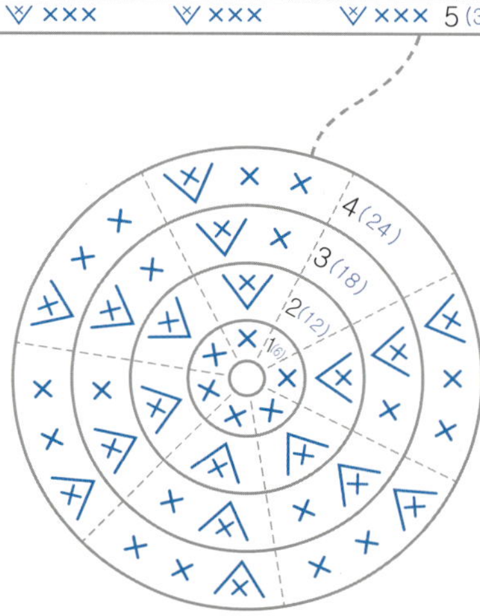

단수	콧수	뜨는 방법
1	6	짧은뜨기 6코
2	12	늘림코 6번
3	18	(짧은뜨기 1코, 늘림코 1번)×6회
4	24	(짧은뜨기 2코, 늘림코 1번)×6회
5	30	(짧은뜨기 3코, 늘림코 1번)×6회
6	36	(짧은뜨기 4코, 늘림코 1번)×6회
7	42	(짧은뜨기 5코, 늘림코 1번)×6회
8	48	(짧은뜨기 6코, 늘림코 1번)×6회
9~11	48	증감 없음
12	50	(짧은뜨기 23코, 늘림코 1번)×2회
13~15	50	증감 없음
16	52	(짧은뜨기 24코, 늘림코 1번)×2회
17~19	52	증감 없음
20	54	(짧은뜨기 25코, 늘림코 1번)×2회
21~23	54	증감 없음
24	52	(짧은뜨기 25코, 줄임코 1번)×2회
25~26	52	증감 없음
27	50	(짧은뜨기 24코, 줄임코 1번)×2회
28~29	50	증감 없음
30	48	(짧은뜨기 23코, 줄임코 1번)×2회
31	42	(짧은뜨기 6코, 줄임코 1번)×6회
32	36	(짧은뜨기 5코, 줄임코 1번)×6회
33	30	(짧은뜨기 4코, 줄임코 1번)×6회
34	24	(짧은뜨기 3코, 줄임코 1번)×6회
35	18	(짧은뜨기 2코, 줄임코 1번)×6회
36	12	(짧은뜨기 1코, 줄임코 1번)×6회
37	6	줄임코 6번

팔(파란색) 2개

사슬뜨기로 2코를 뜬 후, 기둥코(사슬뜨기 1코)를 세우고 1단을 시작한다.

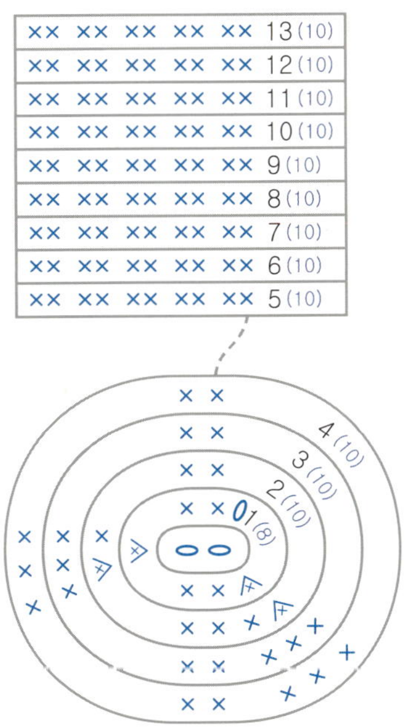

단수	콧수	뜨는 방법
1	8	사슬뜨기 1코(기둥코), (짧은뜨기 2코, 늘림코 1번)×2회
2	10	(짧은뜨기 3코, 늘림코 1번)×2회
3~13	10	증감 없음

다리(짙은 파란색) 2개

사슬뜨기로 6코를 뜬 후, 기둥코(사슬뜨기 1코)를 세우고 1단을 시작한다.

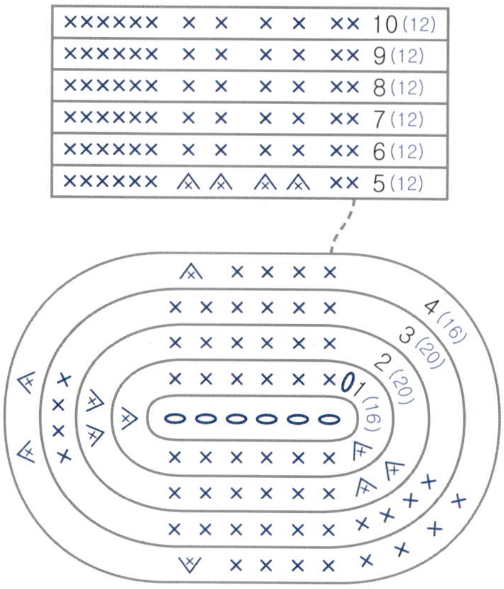

단수	콧수	뜨는 방법
1	16	사슬뜨기 1코(기둥코), (짧은뜨기 6코, 늘림코 1번)×2회
2	20	(짧은뜨기 6코, 늘림코 2번)×2회
3	20	증감 없음
4	16	짧은뜨기 4코, 줄임코 4번, 짧은뜨기 8코
5	12	짧은뜨기 2코, 줄임코 4번, 짧은뜨기 6코
6~10	12	짧은뜨기 12코

코(빨간색)

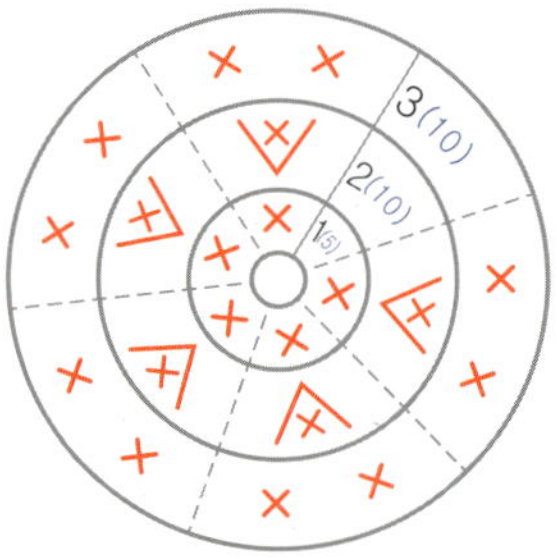

단수	콧수	뜨는 방법
1	5	짧은뜨기 5코
2	10	늘림코 5번
3	10	증감 없음

모자(검은색)

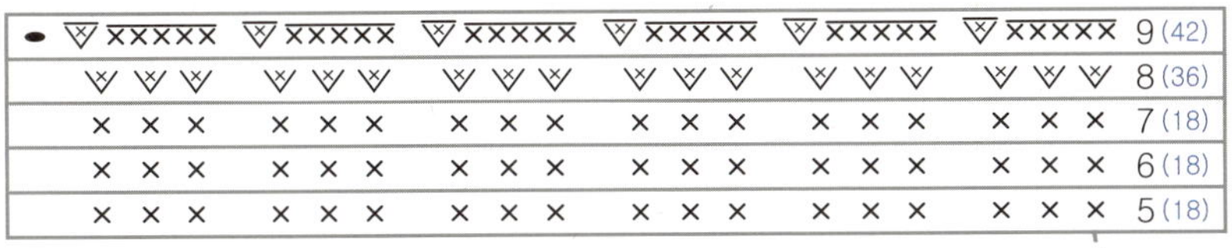

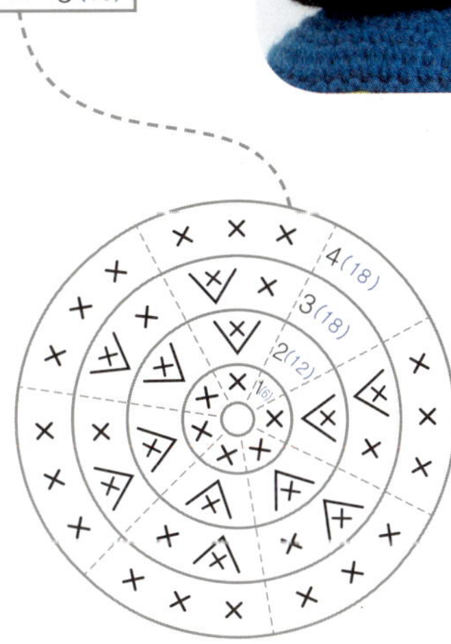

단수	콧수	뜨는 방법
1	6	짧은뜨기 6코
2	12	늘림코 6번
3	18	(짧은뜨기 1코, 늘림코 1번)×6회
4~7	18	증감 없음
8	36	늘림코 18번
9	42	(짧은뜨기 이랑뜨기 5코, 짧은뜨기 2코 늘려뜨기 이랑뜨기 1코)×6회 빼뜨기로 마무리

× 로이 ×

항상 작은 개구리 포비를 따라다니는 작은 오리 로이입니다.
빨간색 고깔모자가 포인트인 로이를 만들어 방 안을 화사하게 꾸며보세요.

상세 정보

난이도 ★ 완성 크기 9cm

준비물

실: 노란색, 주황색, 빨간색, 갈색

바늘: 모사용 코바늘 5/0호

기타: 자수실 또는 뜨개실(검은색), 펠트지(흰색, 파란색), 공예용 와이어, 목공풀 또는 글루건, 돗바늘, 솜, 가위

사용한 뜨개 기법

사슬뜨기, 짧은뜨기, 짧은뜨기 2코 늘려뜨기, 짧은뜨기 2코 모아뜨기, 빼뜨기

뜨는 순서

얼굴&머리 → 몸통 → 날개 → 부리 → 모자 → 다리

표 보는 법

- 늘림코 = 짧은뜨기 2코 늘려뜨기
- 줄임코 = 짧은뜨기 2코 모아뜨기
- 증감 없음 = 코마다 짧은뜨기 1코씩 뜨기
- 같은 단에서 동일한 뜨기가 반복될 경우 '( )×○회'로 표시
- 짧은뜨기의 기둥코는 사슬뜨기 1코와 같고, 기둥코는 전체 콧수에 포함하지 않는다.

만드는 법

1 도안을 참고해 얼굴&머리를 뜨고 솜을 넣는다.

2 도안을 참고해 몸통을 12단까지 뜬 후, 솜을 넣어 모양을 잡고 13단을 뜬다. 남은 코는 돗바늘로 오므린 후 실을 정리한다.

3 도안을 참고해 날개를 2개 뜬 후, 몸통 위에 놓고 돗바늘로 꿰매 붙인다.

4 얼굴&머리를 몸통 위쪽인 2~3단 사이에 놓고 돗바늘로 꿰매 붙인다.

5 부리를 얼굴 앞쪽에 돗바늘로 꿰매 붙이다가 남은 구멍 사이로 솜을 넣고 마무리한다.

6 도안을 참고해 모자를 뜬 후, 돗바늘로 머리 위에 고정한다.

7 다리는 와이어를 감싸서 만든 후, 몸통 아래에 끼워 넣는다.

8 하얀색 펠트지와 하늘색 펠트지를 각각 타원형으로 잘라서 눈을 만들고 머리에 붙인다.

9 돗바늘에 검은색 실을 꿰고 부리 위쪽에 입 모양을 수놓는다.

로이 만들기

얼굴&머리(노란색)

사슬뜨기로 3코를 뜬 후, 기둥코(사슬뜨기 1코)를 세워 1단을 시작한다.

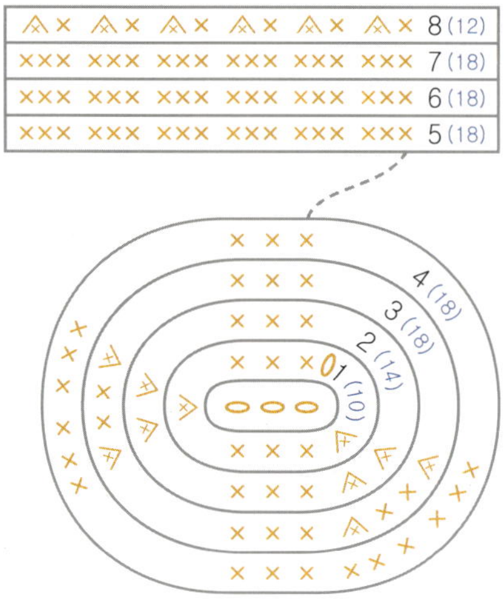

단수	콧수	뜨는 방법
1	10	사슬뜨기 1코(기둥코), (짧은뜨기 3코, 늘림코 1번)×2회
2	14	(짧은뜨기 3코, 늘림코 2번)×2회
3	18	(짧은뜨기 3코, 늘림코 1번, 짧은 뜨기 2코, 늘림코 1번)×2회
4~7	18	증감 없음
8	12	(짧은뜨기 1코, 줄임코 1번)×6회 20cm 정도 여유를 두고 실을 자른다.

몸통(노란색)

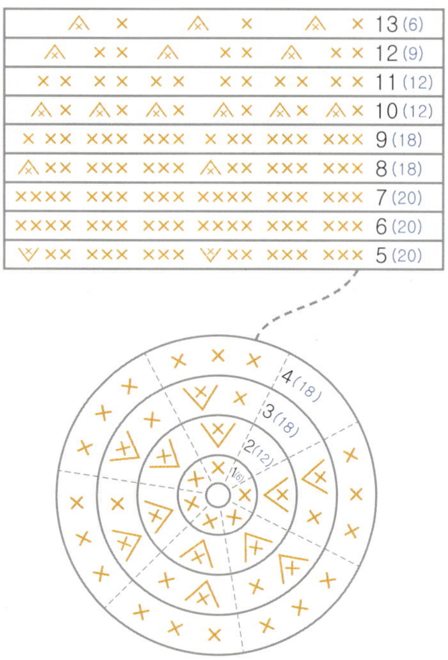

단수	콧수	뜨는 방법
1	6	짧은뜨기 6코
2	12	늘림코 6번
3	18	(짧은뜨기 1번, 늘림코 1번)×6회
4	18	증감 없음
5	20	(짧은뜨기 8코, 늘림코 1번)×2회
6~7	20	증감 없음
8	18	(짧은뜨기 8코, 줄임코 1번)×2회
9	18	증감 없음
10	12	(짧은뜨기 1코, 줄임코 1번)×6회
11	12	증감 없음
12	9	(짧은뜨기 2코, 줄임코 1번)×3회
13	6	(짧은뜨기 1코, 줄임코 1번)×3회

날개(노란색) 2개

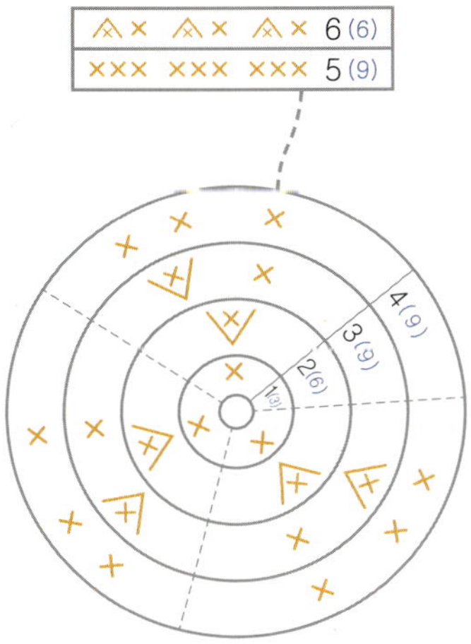

단수	콧수	뜨는 방법
1	3	짧은뜨기 3코
2	6	늘림코 3번
3	9	(짧은뜨기 1코, 늘림코 1번)×3회
4~5	9	증감 없음
6	6	(짧은뜨기 1코, 줄임코 1번)×3회 30cm 정도 여유를 두고 실을 자른다.

부리(주황색)

사슬뜨기 2코를 뜬 후, 기둥코(사슬뜨기 1코)를 세워 1단을 시작한다.

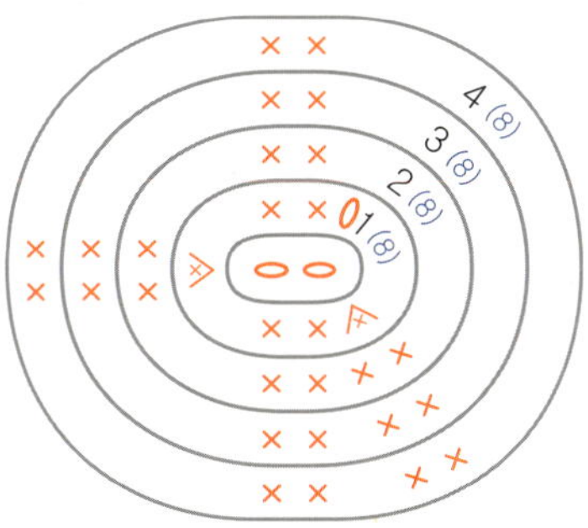

단수	콧수	뜨는 방법
1	8	사슬뜨기 1코(기둥코), (짧은뜨기 2코, 늘림코 1번)×2회
2~4	8	증감 없음

모자(빨간색)

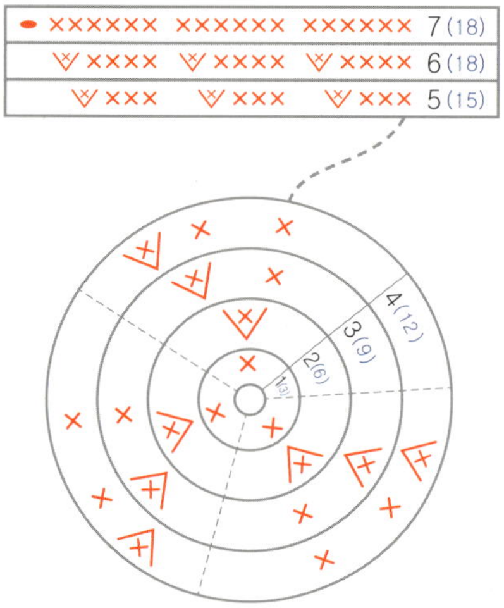

단수	콧수	뜨는 방법
1	3	짧은뜨기 3코
2	6	늘림코 3번
3	9	(짧은뜨기 1코, 늘림코 1번)×3회
4	12	(짧은뜨기 2코, 늘림코 1번)×3회
5	15	(짧은뜨기 3코, 늘림코 1번)×3회
6	18	(짧은뜨기 4코, 늘림코 1번)×3회
7	18	증감 없음 빼뜨기로 마무리

다리(갈색)

얇은 공예용 와이어를 적당한 길이로 잘라 준비한다.

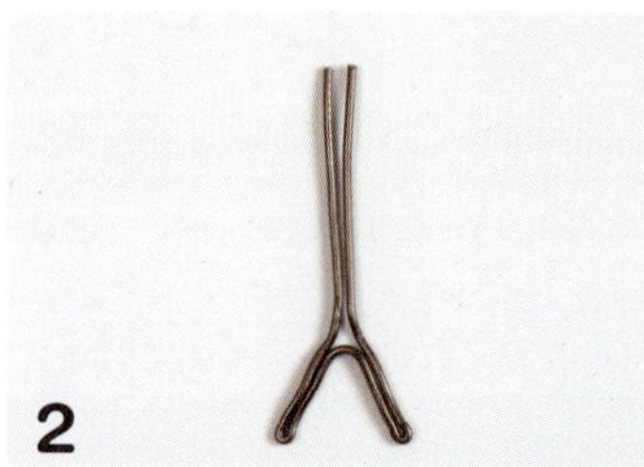

와이어를 구부려서 사진과 같은 모양으로 2개를 만든다.

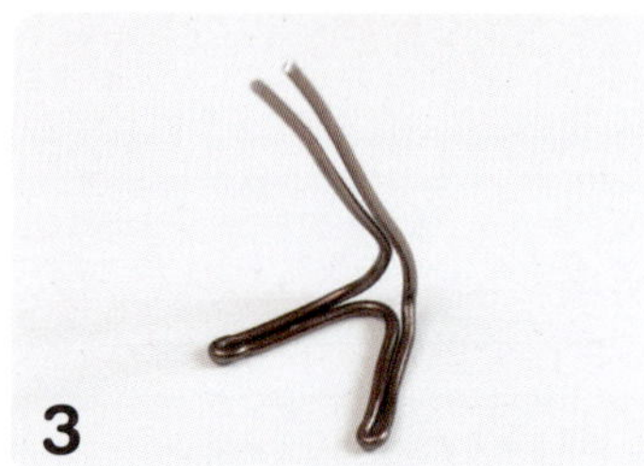

사진과 같이 구부려 발목을 만든다.

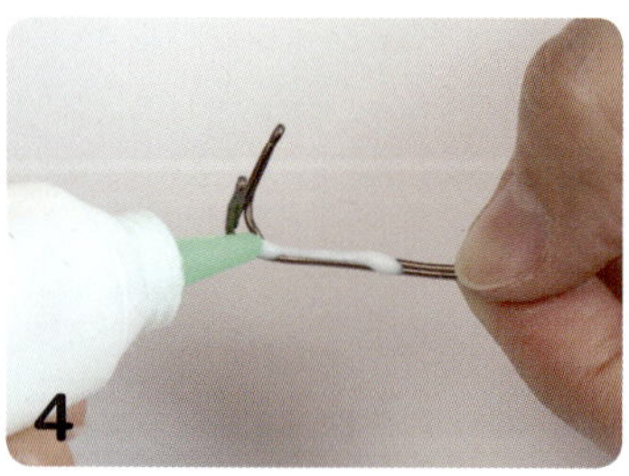

몸통에 고정할 위쪽을 조금 남기고 와이어에 목공용 풀을 얇게 바른다.

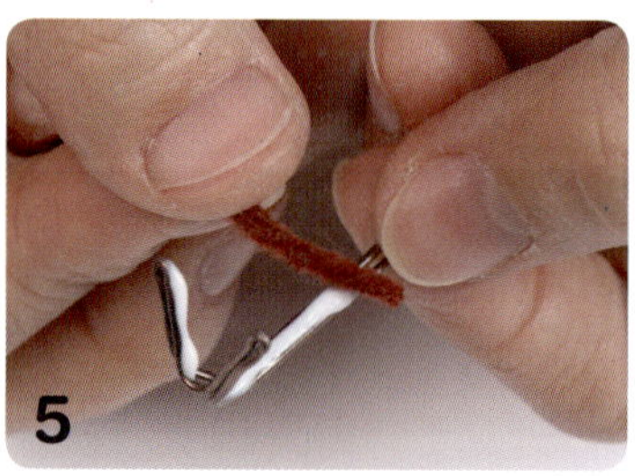

갈색실로 위쪽부터 감는다.

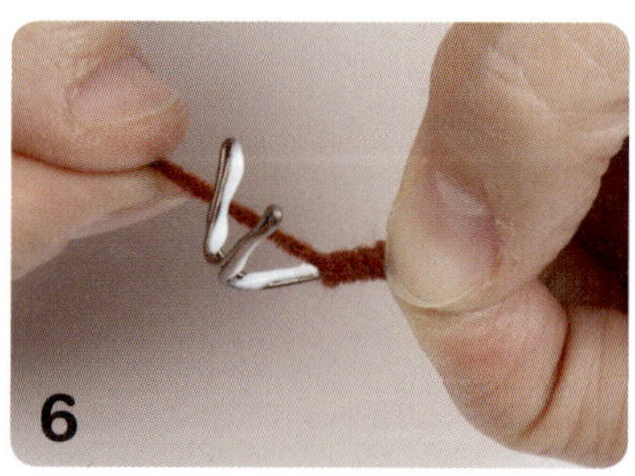

실을 잡아당기면서 발목까지 감는다.

발가락까지 모두 감는다.

몸통 아래쪽에 실을 감지 않은 쪽의 와이어를 꽂는다.

TIP 목공용 풀을 와이어에 바른 다음 몸통에 넣으면 잘 고정된다.

연결하기 - 날개

도안을 참고해 날개를 만든 후, 30cm 정도 여유를 두고 실을 자른다.

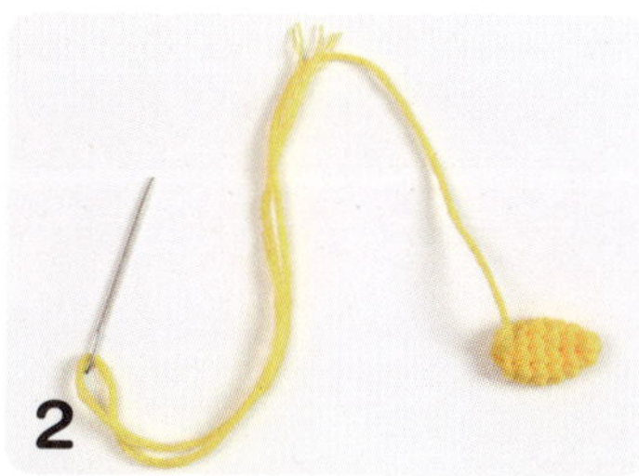

날개의 남은 실을 돗바늘에 꿰고 오므린다.

몸통의 3~4단 사이에 돗바늘을 넣고 8~9단 사이로 빼낸다.

사진과 같이 날개의 안쪽에 돗바늘을 넣고 뺀다.

과정 3에서 돗바늘 빼낸 코의 바로 옆 코로 돗바늘을 넣고 다른 코로 빼낸다.

실은 몸통 사이로 여러 번 통과시킨 후, 자르고 마무리한다.

× 시로 ×

시로는 눈이 많이 내리는 겨울 숲에서 태어난 눈사람이에요.
겨울이 되면 파파와 함께 선물을 가득 싣고 여행을 떠나요.

상세 정보 난이도 ★ 완성 크기 22cm

준비물

실: 흰색, 진갈색, 빨간색

바늘: 모사용 코바늘 5/0호

기타: 돗바늘, 솜, 가위, 자수실 또는 뜨개실(진갈색)

사용한 뜨개 기법

사슬뜨기, 짧은뜨기, 짧은뜨기 2코 늘려뜨기, 짧은뜨기 2코 모아뜨기, 긴뜨기, 빼뜨기

팁

얼굴&머리와 몸통을 연결하다가 4~5코 남았을 때 솜을 더 넣어 모양을 잡고 남은 코를 꿰매서 마무리한다.

뜨는 순서

얼굴&머리 → 몸통 → 팔 → 다리 → 코 → 모자 → 스카프

표 보는 법

- 늘림코 = 짧은뜨기 2코 늘려뜨기
- 줄임코 = 짧은뜨기 2코 모아뜨기
- 증감 없음 = 코마다 짧은뜨기 1코씩 뜨기
- 같은 단에서 동일한 뜨기가 반복될 경우 '( )×○회'로 표시
- 짧은뜨기의 기둥코는 사슬뜨기 1코와 같고, 기둥코는 전체 콧수에 포함하지 않는다.

만드는 법

1 도안을 참고해 얼굴&머리를 끝까지 뜨고, 15cm 정도 실을 남긴 후 자른다.

2 도안을 참고해 몸통을 끝까지 뜨고, 40cm 정도 실을 남긴 후 자른다.

3 얼굴&머리와 몸통에 솜을 가득 채운 후, 얼굴&머리에서 남긴 실을 돗바늘에 꿰어 실을 정리한다.

4 몸통에서 남긴 실을 돗바늘에 꿰어 얼굴&머리와 연결한다.

5 도안을 참고해 팔을 떠서 70% 정도 솜을 채운다. 몸통의 남은 실을 돗바늘에 꿰어 3~4단 사이, 8~9단 사이에 대각선으로 꿰매 붙인다.

6 도안을 참고해 다리를 떠서 솜을 가득 채운다. 다리의 남은 실을 돗바늘에 꿰어 몸통 아래쪽의 1~2단 사이에 동그랗게 꿰매 붙인다.

7 도안대로 코를 뜬 후, 얼굴&머리 12~13단 사이, 16~17단 사이에 놓고 동그랗게 꿰매 붙이다가 솜을 넣고 마무리한다.

8 얼굴&머리 위쪽에 모자를 꿰매 붙인다.

9 진갈색 실을 돗바늘에 꿴 후, 눈과 입을 수놓는다.

10 도안을 참고해 스카프를 뜨고, 인형 목에 두른다.

시로 만들기

얼굴&머리(흰색)

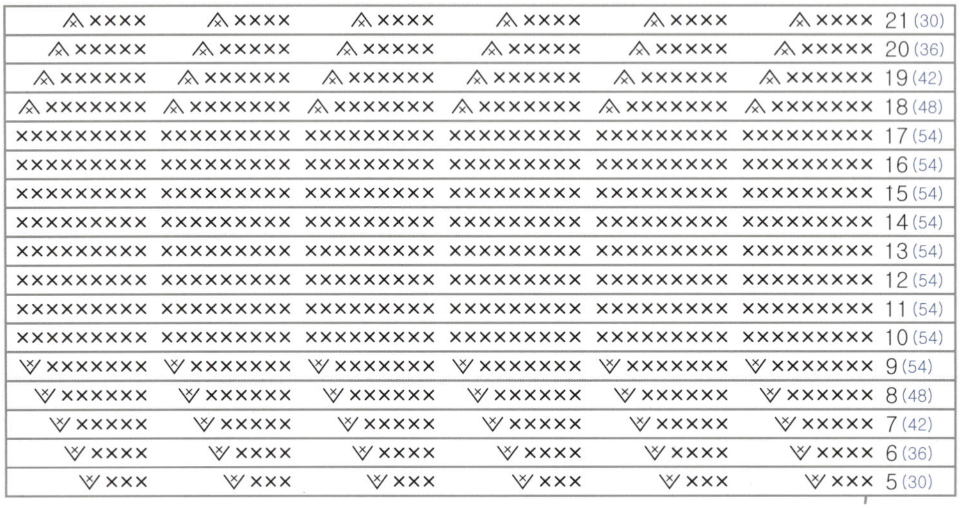

단수	콧수	뜨는 방법
1	6	짧은뜨기 6코
2	12	늘림코 6번
3	18	(짧은뜨기 1코, 늘림코 1번)×6회
4	24	(짧은뜨기 2코, 늘림코 1번)×6회
5	30	(짧은뜨기 3코, 늘림코 1번)×6회
6	36	(짧은뜨기 4코, 늘림코 1번)×6회
7	42	(짧은뜨기 5코, 늘림코 1번)×6회
8	48	(짧은뜨기 6코, 늘림코 1번)×6회
9	54	(짧은뜨기 7코, 늘림코 1번)×6회
10~17	54	증감 없음
18	48	(짧은뜨기 7코, 줄임코 1번)×6회
19	42	(짧은뜨기 6코, 줄임코 1번)×6회
20	36	(짧은뜨기 5코, 줄임코 1번)×6회
21	30	(짧은뜨기 4코, 줄임코 1번)×6회

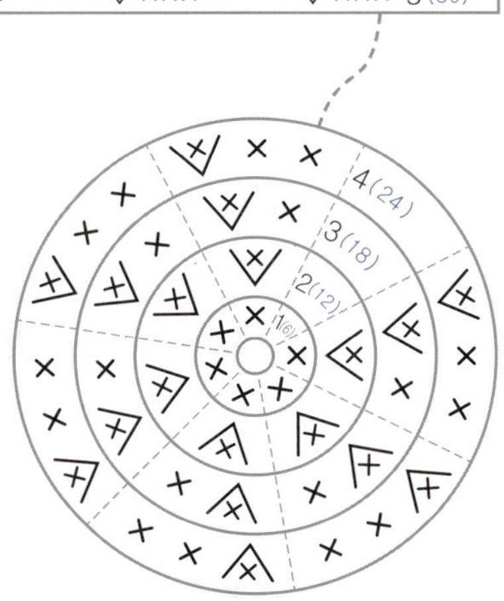

몸통(흰색)

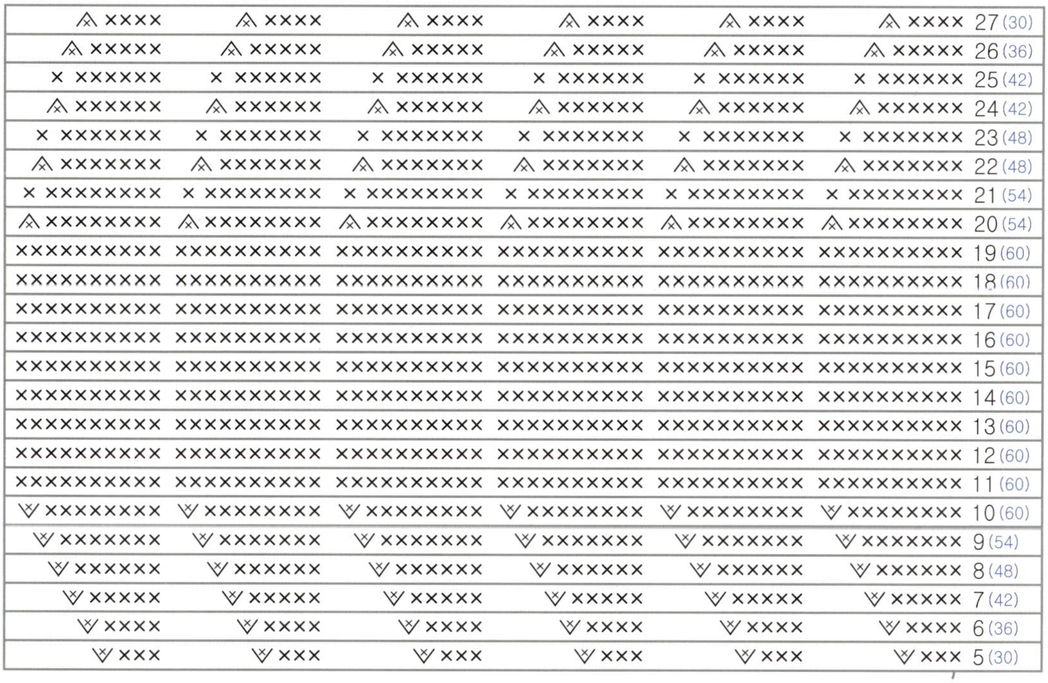

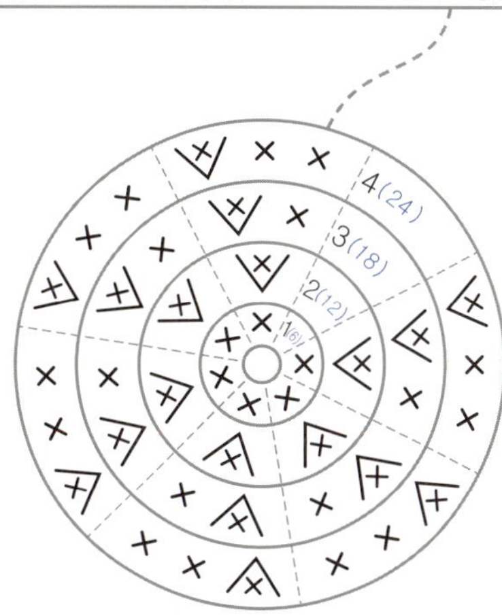

단수	콧수	뜨는 방법
1	6	짧은뜨기 6코
2	12	늘림코 6번
3	18	(짧은뜨기 1코, 늘림코 1번)×6회
4	24	(짧은뜨기 2코, 늘림코 1번)×6회
5	30	(짧은뜨기 3코, 늘림코 1번)×6회
6	36	(짧은뜨기 4코, 늘림코 1번)×6회
7	42	(짧은뜨기 5코, 늘림코 1번)×6회
8	48	(짧은뜨기 6코, 늘림코 1번)×6회
9	54	(짧은뜨기 7코, 늘림코 1번)×6회
10	60	(짧은뜨기 8코, 늘림코 1번)×6회
11~19	60	증감 없음
20	54	(짧은뜨기 8코, 줄임코 1번)×6회
21	54	증감 없음
22	48	(짧은뜨기 7코, 줄임코 1번)×6회
23	48	증감 없음
24	42	(짧은뜨기 6코, 줄임코 1번)×6회
25	42	증감 없음
26	36	(짧은뜨기 5코, 줄임코 1번)×6회
27	30	(짧은뜨기 4코, 줄임코 1번)×6회

팔(흰색) 2개

사슬뜨기 3코를 뜬 후, 기둥코(사슬뜨기 1코)를 세워 1단을 시작한다.

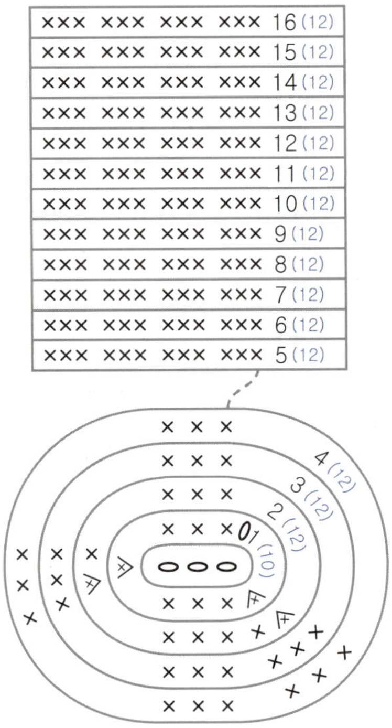

단수	콧수	뜨는 방법
1	10	사슬뜨기 1코(기둥코), (짧은뜨기 3코, 늘림코 1번)×2회
2	12	(짧은뜨기 4코, 늘림코 1번)×2회
3~16	12	증감 없음

다리(흰색) 2개

사슬뜨기 7코를 뜬 후, 기둥코(사슬뜨기 1코)를 세워 1단을 시작한다.

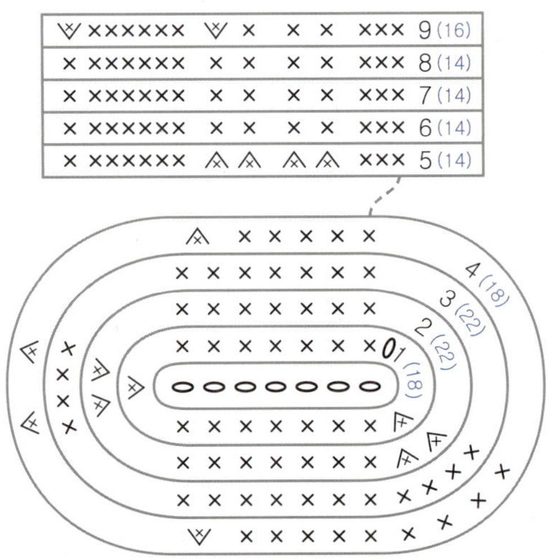

단수	콧수	뜨는 방법
1	18	사슬뜨기 1코(기둥코), (짧은뜨기 7코, 늘림코 1번)×2회
2	22	(짧은뜨기 7코, 늘림코 2번)×2회
3	22	증감 없음
4	18	짧은뜨기 5코, 줄임코 4번, 짧은뜨기 9코
5	14	짧은뜨기 3코, 줄임코 4번, 짧은뜨기 7코
6~8	14	증감 없음
9	16	(짧은뜨기 6코, 늘림코 1번)×2회

코(진갈색)

단수	콧수	뜨는 방법
1	5	짧은뜨기 5코
2	10	늘림코 5번
3	10	증감 없음

모자 윗부분(진갈색)

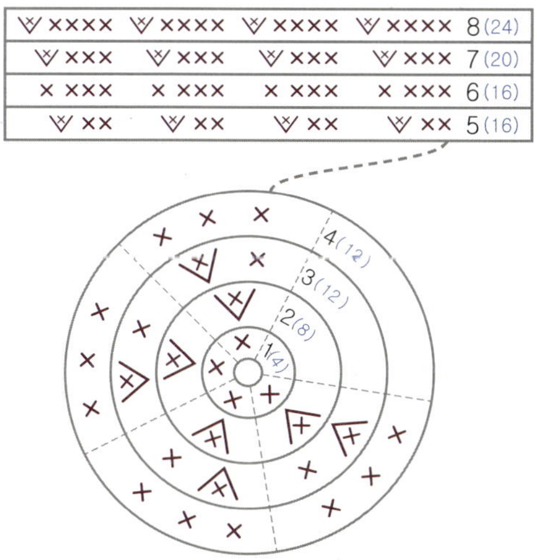

단수	콧수	뜨는 방법
1	4	짧은뜨기 4코
2	8	늘림코 4번
3	12	(짧은뜨기 1코, 늘림코 1번)×4회
4	12	증감 없음
5	16	(짧은뜨기 2코, 늘림코 1번)×4회
6	16	증감 없음
7	20	(짧은뜨기 3코, 늘림코 1번)×4회
8	24	(짧은뜨기 4코, 늘림코 1번)×4회 40cm 정도 여유를 두고 실을 자른다.

모자 아랫부분(진갈색)

사슬뜨기 14코를 뜬 후, 기둥코(사슬뜨기 1코)를 세워 1단을 시작한다.

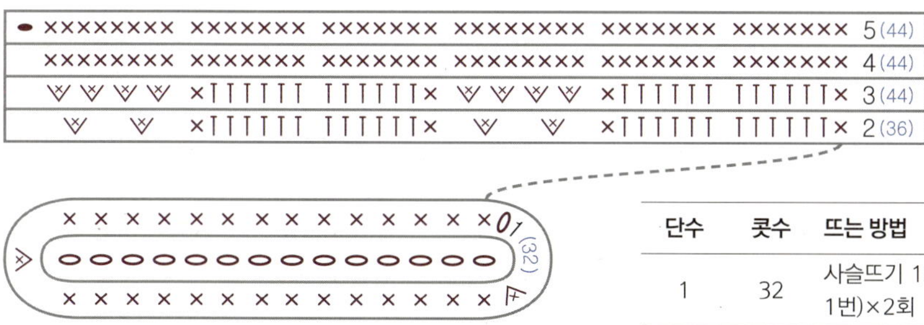

단수	콧수	뜨는 방법
1	32	사슬뜨기 1코(기둥코), (짧은뜨기 14코, 늘림코 1번)×2회
2	36	(짧은뜨기 1코, 긴뜨기 12코, 짧은뜨기 1코, 늘림코 2번)×2회
3	44	(짧은뜨기 1코, 긴뜨기 12코, 짧은뜨기 1코, 늘림코 4번)×2회
4	44	증감 없음
5	44	증감 없음 빼뜨기로 마무리 40cm 정도 여유를 두고 실을 자른다.

※ 모자 윗부분과 아랫부분을 도안대로 뜬 후,
돗바늘로 연결한다(p.82 '연결하기-모자' 참조).

스카프(빨간색)

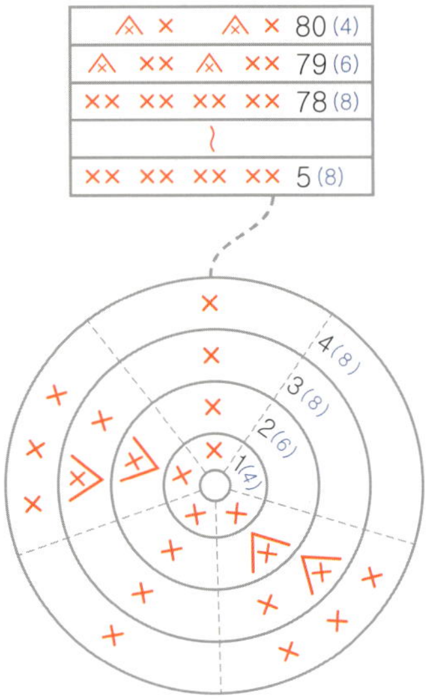

단수	콧수	뜨는 방법
1	4	짧은뜨기 4코
2	6	(짧은뜨기 1코, 늘림코 1번)×2회
3	8	(짧은뜨기 2코, 늘림코 1번)×2회
4	8	짧은뜨기 8코
5~78	8	증감 없음
79	6	(짧은뜨기 2코, 줄임코 1번)×2회
80	4	(짧은뜨기 1코, 줄임코 1번)×2회

연결하기 - 머리

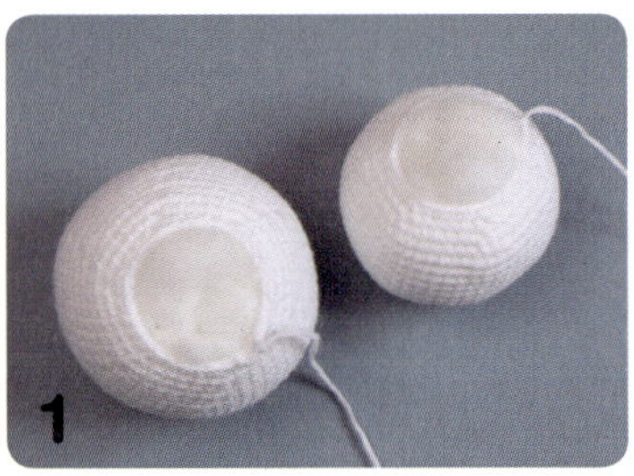

도안을 참고해 흰색 실로 얼굴&머리와 몸통을 뜬다.

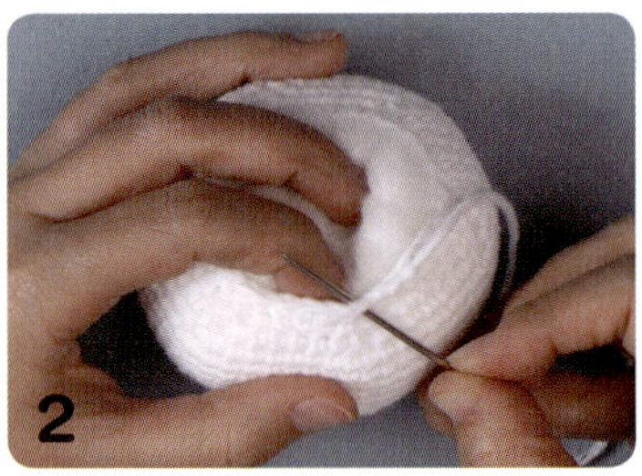

얼굴&머리를 뜨고 남긴 실을 돗바늘에 꿰어 다음 코로 넣는다.

바짝 매듭을 지어준다.

매듭을 한 번 더 짓는다. 매듭을 2번 지으면 실이 빠져나오지 않는다.

솜이 있는 안쪽에서 돗바늘을 넣고 다른쪽 코 사이로 빼낸다.

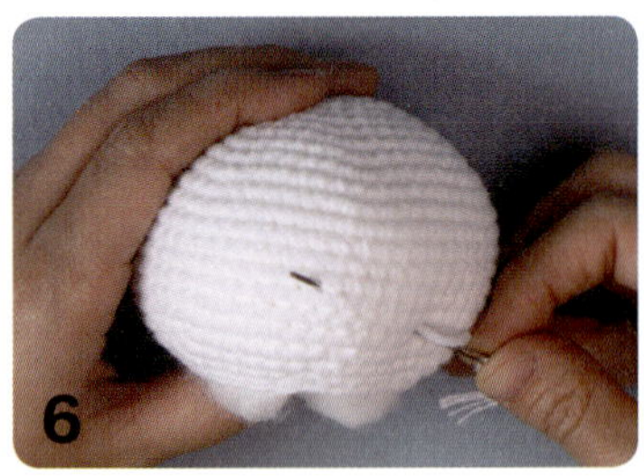

실이 나왔던 코 사이로 다시 돗바늘을 넣고, 다른쪽 코 사이로 빼낸다.

과정 6을 반복하고 남은 실은 바짝 자른다.

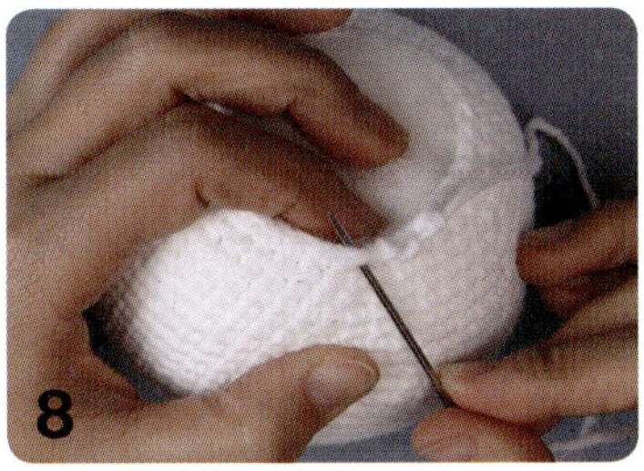

몸통에서 남긴 실을 돗바늘에 꿰어 나옴 코로 넣는다.

얼굴무늬가 위쪽으로 오게 놓고, 사진과 같이 사슬코 아래로 돗바늘을 넣는다.

과정 8에서 돗바늘을 넣었던 왼쪽방향 옆 코로 돗바늘을 넣는다.

과정 9에서 돗바늘을 넣었던 왼쪽방향 옆 코로 돗바늘을 넣는다.

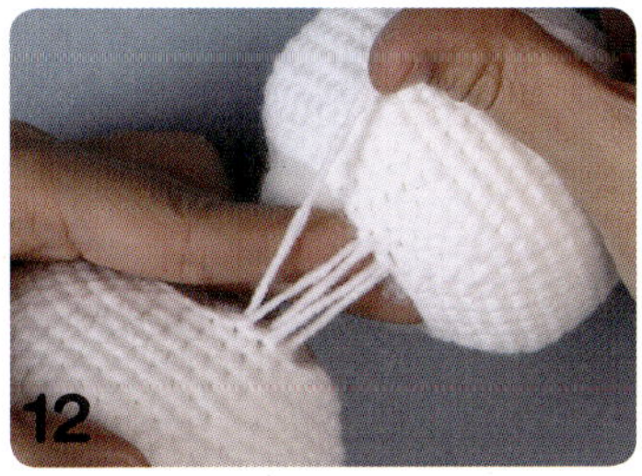

사진과 같이 실이 연결된다.

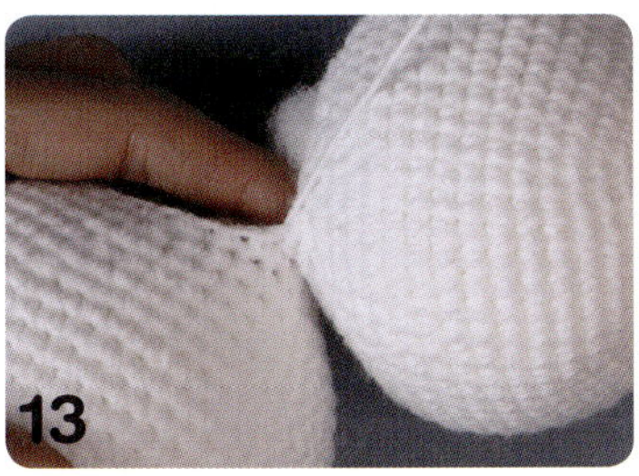

연결 부분의 실이 보이지 않도록 세게 잡아당긴다.

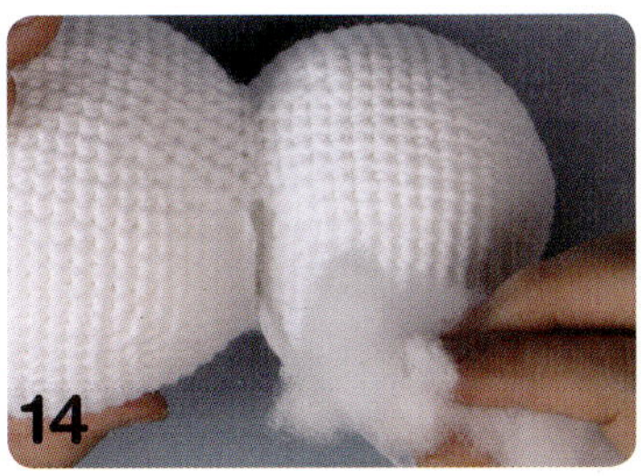

작은 구멍이 남을 때까지 돗바늘로 꿰매고, 남은 구멍으로 솜을 더 채운다.

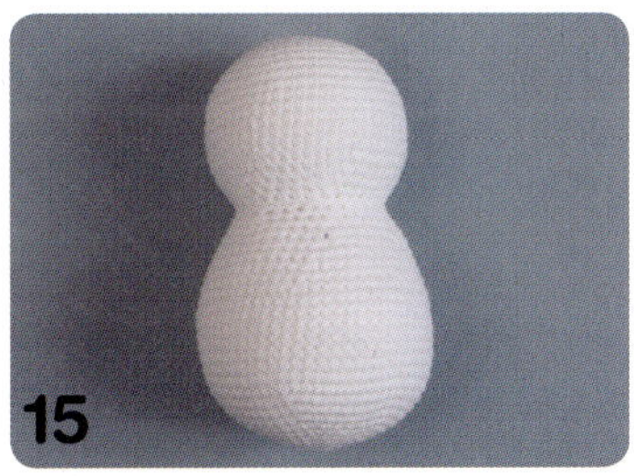

얼굴과 몸통을 연결한 모습.

연결하기 - 모자

도안을 참고해 진갈색 실로 모자 윗부분과 아랫부분을 뜬다.
40cm 정도의 실을 남긴 다음 자른다.

모자 아랫부분에서 마지막 빼뜨기한 코로 돗바늘을 넣는다.

사진과 같이 안쪽 코와 코 사이로 돗바늘을 통과시키며 실을 숨긴다.

모자 윗부분에서 남긴 실을 돗바늘에 꿰어 다음 코에 넣는다.

실을 끝까지 잡아당겨서 모자 아랫부분에 꿰맬 준비를 한다.

모자 아랫부분의 가운데에 윗부분을 올려놓고 돗바늘로 한 코를 잡는다.

모자 윗부분의 다음 코에 돗바늘을 넣는다.

모자 아랫부분과 윗부분을 한 코씩 잡아서 끝까지 꿰맨 모습.

모자는 별표를 한 네 곳만 머리와 꿰매서 고정한다.

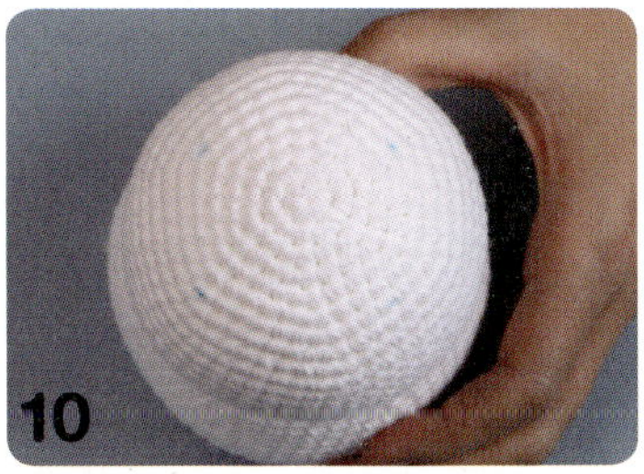

모자의 표시에 맞춰 연결할 위치에 수성 펜으로 표시한다.

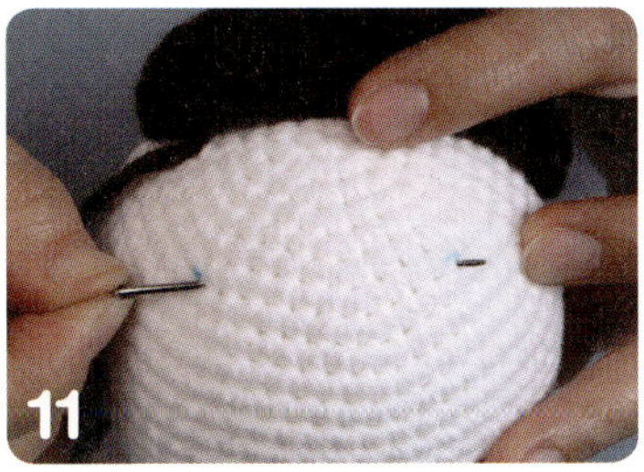

모자끼리 연결하고 남은 실을 돗바늘에 꿴 후, 머리 위쪽으로 넣는다.

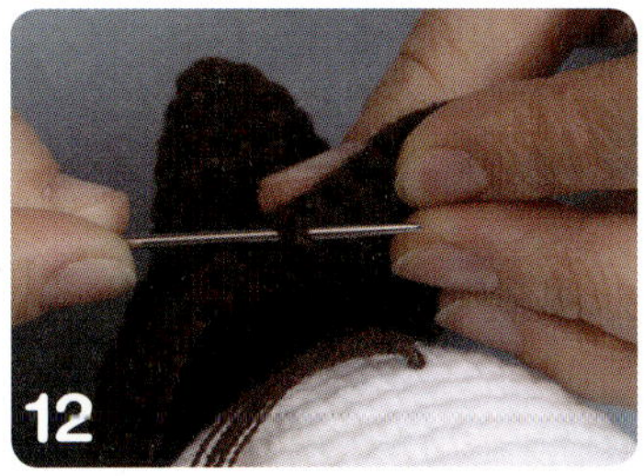

모자의 안쪽 부분의 땀을 돗바늘로 잡는다.

다음 꿰맬 부분으로 돗바늘을 빼낸 후 모자 안쪽의 땀을 돗바늘로 잡고, 나머지 부분도 동일하게 꿰매 붙인다.

머리 위에 모자를 고정한 모습.

× 파파 ×

파파는 굴리굴리 여름 숲을 가꾸는 숲의 요정이에요.
눈이 오는 겨울이 되면 파파는 시로와 함께
어린 친구들에게 줄 선물을 가득 싣고 여행을 떠나요.

상세 정보 　　　　난이도 ★★ 완성 크기 20cm

준비물

실: 연분홍색, 흰색, 초록색, 연회색, 빨간색, 진갈색

바늘: 모사용 코바늘 5/0호

기타: 자수실 또는 뜨개실(검은색), 나사형 눈 2개, 돗바늘, 솜, 가위

사용한 뜨개 기법

사슬뜨기, 짧은뜨기, 짧은뜨기 2코 늘려뜨기, 짧은뜨기 2코 모아뜨기, 짧은뜨기 이랑뜨기, 빼뜨기

팁

얼굴과 몸통을 연결하다가 4~5코 남았을 때 솜을 더 넣어 모양을 잡은 후에 남은 코를 꿰매서 마무리한다.

뜨는 순서

얼굴 → 옷 → 몸통 → 수염 → 코 → 팔 → 다리 → 모자 → 쇠스랑

표 보는 법

- 늘림코 = 짧은뜨기 2코 늘려뜨기
- 줄임코 = 짧은뜨기 2코 모아뜨기
- 증감 없음 = 코마다 짧은뜨기 1코씩 뜨기
- 같은 단에서 동일한 뜨기가 반복될 경우 '( )×○회'로 표시
- 짧은뜨기의 기둥코는 사슬뜨기 1코와 같고, 기둥코는 전체 콧수에 포함하지 않는다.

만드는 법

1 도안을 참고해 얼굴을 16단까지 뜬다.

2 초록색 실로 바꿔서 옷 도안을 참고해 18단까지 뜬 후, 얼굴에 솜을 채운다.

3 도안을 참고해 연회색 실로 몸통을 뜨고 솜을 채운 후, 돗바늘로 얼굴과 연결한다. 몸통을 연결한 후 옷을 35단까지 뜬다.

4 도안을 참고해 수염을 뜬 후, 얼굴 위에 돗바늘로 꿰맨다.

5 코를 얼굴과 수염 중간에 놓고, 돗바늘로 동그랗게 꿰맨다.

6 도안을 참고해 팔을 떠서 옷 위쪽에 돗바늘로 꿰맨다.

7 도안을 참고해 다리를 뜬 후, 몸통의 1~2단 사이에 놓고 팔과 대칭이 되도록 돗바늘로 꿰맨다.

8 도안을 참고해 모자를 뜬 후, 모자 위쪽에 솜을 살짝 채우고 얼굴에 씌운다.

TIP 고정이 되도록 모자와 등을 살짝 꿰매도 좋다.

9 돗바늘에 진갈색 실을 꿴 후, 수염 위에 입 모양을 수놓는다.

10 도안을 참고해 쇠스랑을 뜬다.

파파 만들기

얼굴(연분홍색)

사슬뜨기 4코를 뜬 후, 기둥코(사슬뜨기 1코)를 세워 1단을 시작한다.

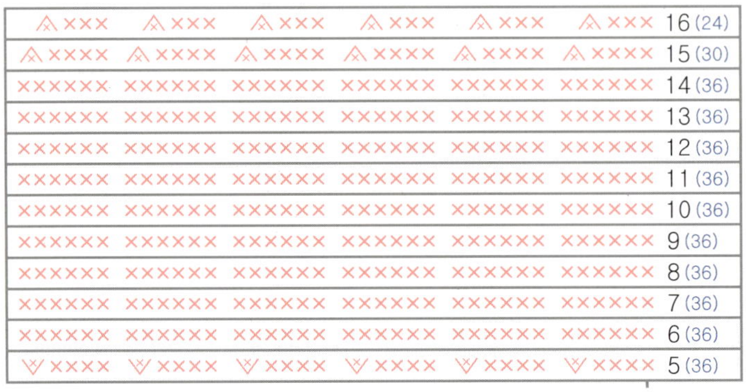

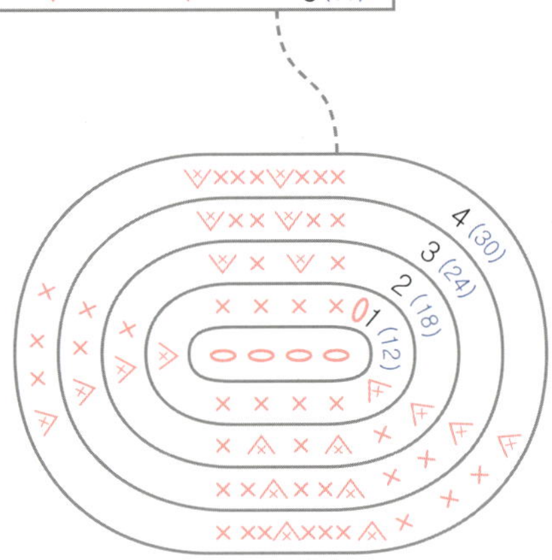

단수	콧수	뜨는 방법
1	12	사슬뜨기 1코(기둥코), (짧은뜨기 4코, 늘림코 1번)×2회
2	18	(짧은뜨기 1코, 늘림코 1번)×6회
3	24	(짧은뜨기 2코, 늘림코 1번)×6회
4	30	(짧은뜨기 3코, 늘림코 1번)×6회
5	36	(짧은뜨기 4코, 늘림코 1번)×6회
6~14	36	증감 없음
15	30	(짧은뜨기 4코, 줄임코 1번)×6회
16	24	(짧은뜨기 3코, 줄임코 1번)×6회

옷(초록색)

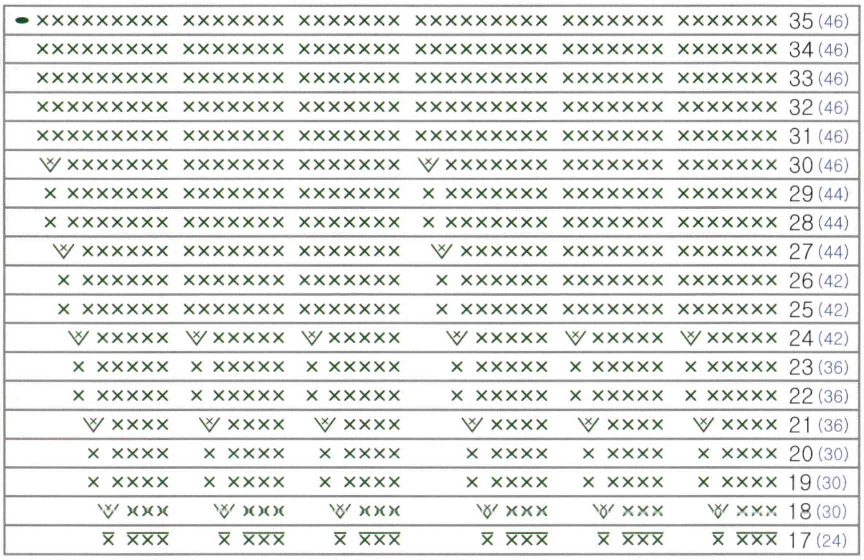

※ 얼굴에 이어서 뜬다.

단수	콧수	뜨는 방법
17	24	짧은뜨기 이랑뜨기 24코
18	30	(짧은뜨기 3코, 늘림코 1번)×6회
19~20	30	증감 없음
21	36	(짧은뜨기 4코, 늘림코 1번)×6회
22~23	36	증감 없음
24	42	(짧은뜨기 5코, 늘림코 1번)×6회
25~26	42	증감 없음
27	44	(짧은뜨기 20코, 늘림코 1번)×2회
28~29	44	증감 없음
30	46	(짧은뜨기 21코, 늘림코 1번)×2회
31~35	46	증감 없음 빼뜨기로 마무리

몸통(연회색)

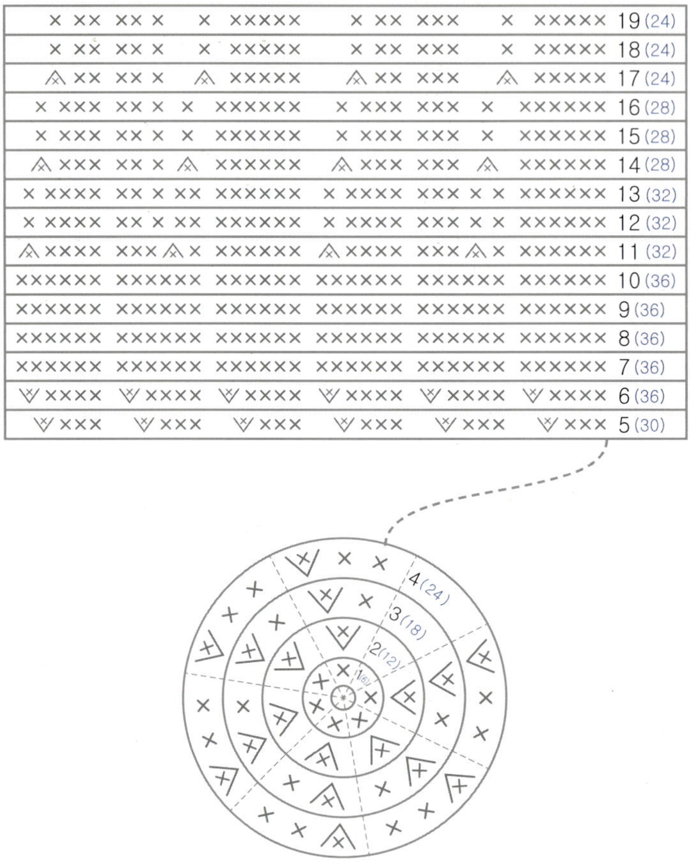

단수	콧수	뜨는 방법
1	6	짧은뜨기 6코
2	12	늘림코 6번
3	18	(짧은뜨기 1코, 늘림코 1번)×6회
4	24	(짧은뜨기 2코, 늘림코 1번)×6회
5	30	(짧은뜨기 3코, 늘림코 1번)×6회
6	36	(짧은뜨기 4코, 늘림코 1번)×6회
7~10	36	증감 없음
11	32	(짧은뜨기 7코, 줄임코 1번)×4회
12~13	32	증감 없음
14	28	(짧은뜨기 6코, 줄임코 1번)×4회
15~16	28	증감 없음
17	24	(짧은뜨기 5코, 줄임코 1번)×4회
18~19	24	증감 없음

수염(흰색)

사슬뜨기 24코를 뜬 후, 기둥코(사슬뜨기 1코)를 세워 1단을 시작한다.

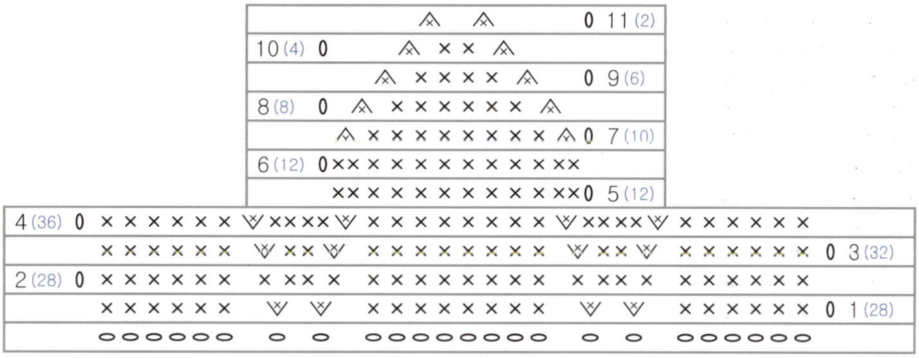

단수	콧수	뜨는 방법
1	28	사슬뜨기 1코(기둥코), 짧은뜨기 6코, 늘림코 2번, 짧은뜨기 8코, 늘림코 2번, 짧은뜨기 6고
2	28	사슬뜨기 1코(기둥코), 짧은뜨기 28코
3	32	사슬뜨기 1코(기둥코), 짧은뜨기 6코, 늘림코 1번, 짧은뜨기 2코, 늘림코 1번, 짧은뜨기 8코, 늘림코 1번, 짧은뜨기 2코, 늘림코 1번, 짧은뜨기 6코
4	36	사슬뜨기 1코(기둥코), 짧은뜨기 6코, 늘림코 1번, 짧은뜨기 4코, 늘림코 1번, 짧은뜨기 8코, 늘림코 1번, 짧은뜨기 4코, 늘림코 1번, 짧은뜨기 6코
5~6	12	사슬뜨기 1코(기둥코), 짧은뜨기 12코
7	10	사슬뜨기 1코(기둥코), 줄임코 1번, 짧은뜨기 8코, 줄임코 1번
8	8	사슬뜨기 1코(기둥코), 줄임코 1번, 짧은뜨기 6코, 줄임코 1번
9	6	사슬뜨기 1코(기둥코), 줄임코 1번, 짧은뜨기 4코, 줄임코 1번
10	4	사슬뜨기 1코(기둥코), 줄임코 1번, 짧은뜨기 2코, 줄임코 1번
11	2	줄임코 2번

※ 4단까지 뜬 후, 실을 끊는다. 이어서 5단을 뜨는데, 실을 다시 가져와 4단 12번째 코에 기둥코(사슬뜨기 1코)를 세워 도안대로 뜬다.

코(빨간색)

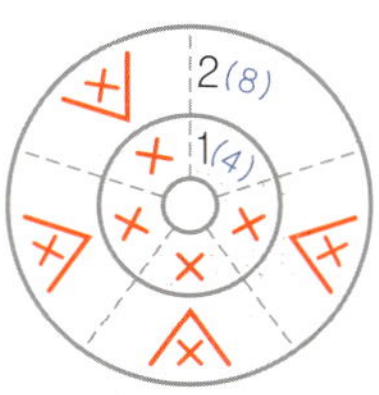

단수	콧수	뜨는 방법
1	4	짧은뜨기 4코
2	8	늘림코 4번

팔(연분홍색, 초록색)

사슬뜨기 2코를 뜬 후, 기둥코(사슬뜨기 1코)를 세워 1단을 시작한다.

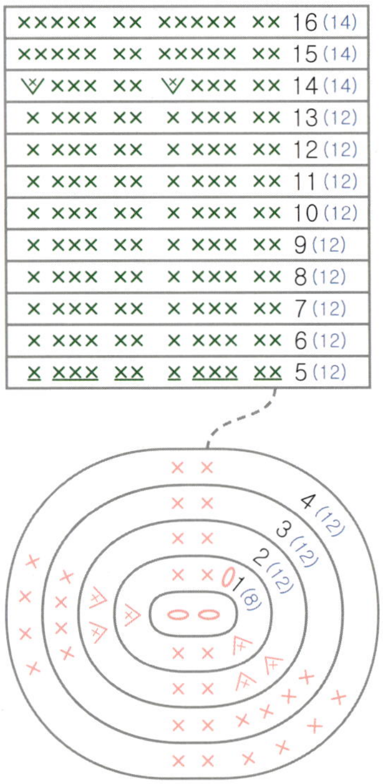

단수	콧수	뜨는 방법
1	8	사슬뜨기 1코(기둥코), (짧은뜨기 2코, 늘림코 1번)×2회
2	12	(짧은뜨기 2코, 늘림코 2번)×2회
3~4	12	증감 없음
5	12	짧은뜨기 이랑뜨기 12코
6~13	12	증감 없음
14	14	(짧은뜨기 5코, 늘림코 1번)×2회
15~16	14	증감 없음

다리(빨간색)

사슬뜨기 5코를 뜬 후, 기둥코(사슬뜨기 1코)를 세워 1단을 시작한다.

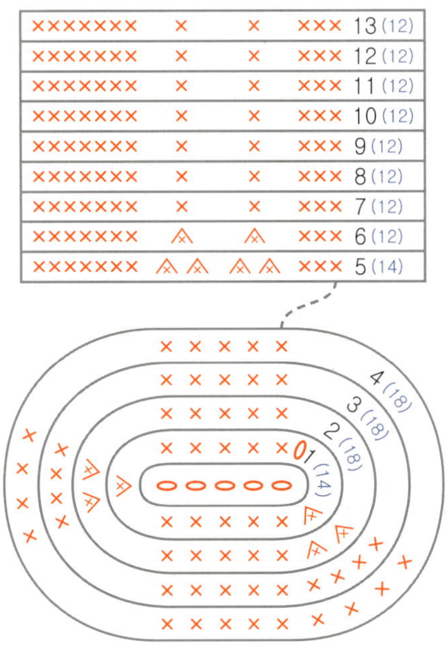

단수	콧수	뜨는 방법
1	14	사슬뜨기 1코(기둥코), (짧은뜨기 5코, 늘림코 1번)×2회
2	18	(짧은뜨기 5코, 늘림코 2번)×2회
3~4	18	증감 없음
5	14	짧은뜨기 3코, 줄임코 4번, 짧은뜨기 7코
6	12	짧은뜨기 3코, 줄임코 2번, 짧은뜨기 7코
7~13	12	증감 없음

모자(초록색)

사슬뜨기 3코를 뜬 후, 기둥코(사슬뜨기 1코)를 세워 1단을 시작한다.

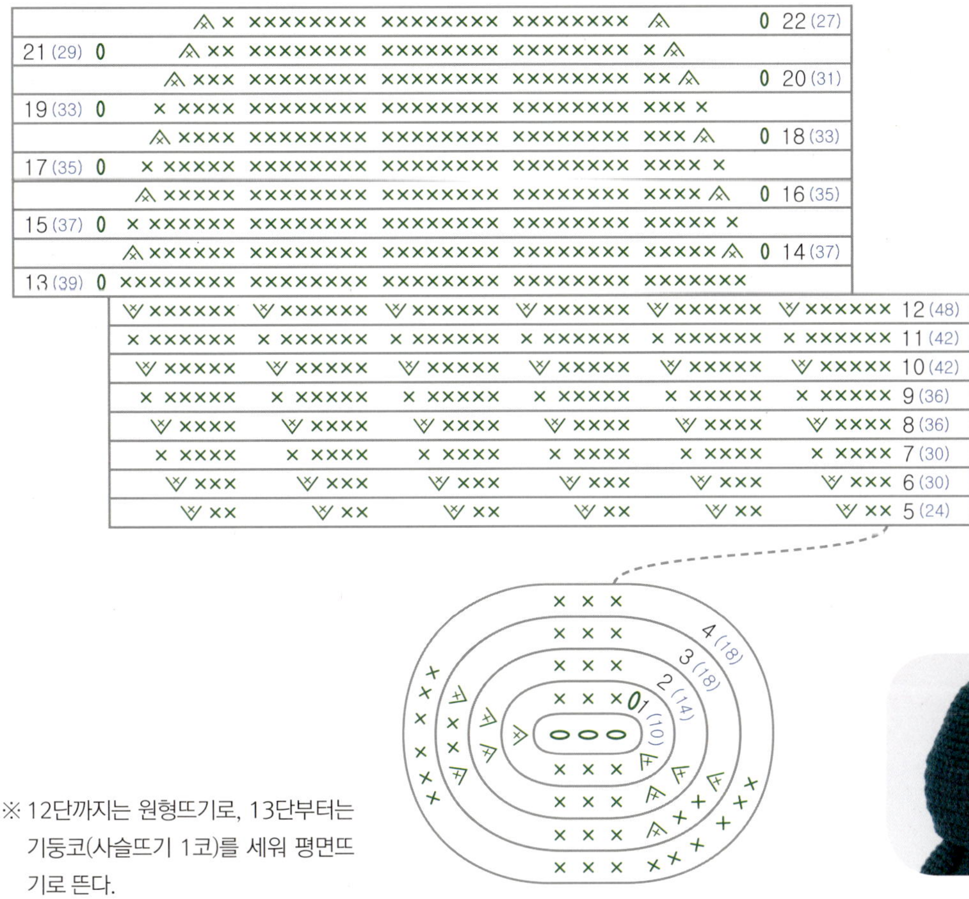

※ 12단까지는 원형뜨기로, 13단부터는 기둥코(사슬뜨기 1코)를 세워 평면뜨기로 뜬다.

단수	콧수	뜨는 방법
1	10	사슬뜨기 1코(기둥코), (짧은뜨기 3코, 늘림코 1번)×2회
2	14	(짧은뜨기 3코, 늘림코 2번)×2회
3	18	(짧은뜨기 3코, 늘림코 1번, 짧은뜨기 2코, 늘림코 1번)×2회
4	18	증감 없음
5	24	(짧은뜨기 2코, 늘림코 1번)×6회
6	30	(짧은뜨기 3코, 늘림코 1번)×6회
7	30	증감 없음
8	36	(짧은뜨기 4코, 늘림코 1번)×6회
9	36	증감 없음
10	42	(짧은뜨기 5고, 늘림코 1번)×6회
11	42	증감 없음
12	48	(짧은뜨기 6코, 늘림코 1번)×6회
13	39	사슬뜨기 1코(기둥코), 짧은뜨기 39코
14	37	사슬뜨기 1코(기둥코), 줄임코 1번, 짧은뜨기 35코, 줄임코 1번
15	37	사슬뜨기 1코(기둥코), 증감 없음
16	35	사슬뜨기 1코(기둥코), 줄임코 1번, 짧은뜨기 33코, 줄임코 1번
17	35	사슬뜨기 1코(기둥코), 증감 없음
18	33	사슬뜨기 1코(기둥코), 줄임코 1번, 짧은뜨기 31코, 줄임코 1번
19	33	사슬뜨기 1코(기둥코), 증감 없음
20	31	사슬뜨기 1코(기둥코), 줄임코 1번, 짧은뜨기 29코, 줄임코 1번
21	29	사슬뜨기 1코(기둥코), 줄임코 1번, 짧은뜨기 27코, 줄임코 1번
22	27	사슬뜨기 1코(기둥코), 줄임코 1번, 짧은뜨기 25코, 줄임코 1번

쇠스랑(진갈색)

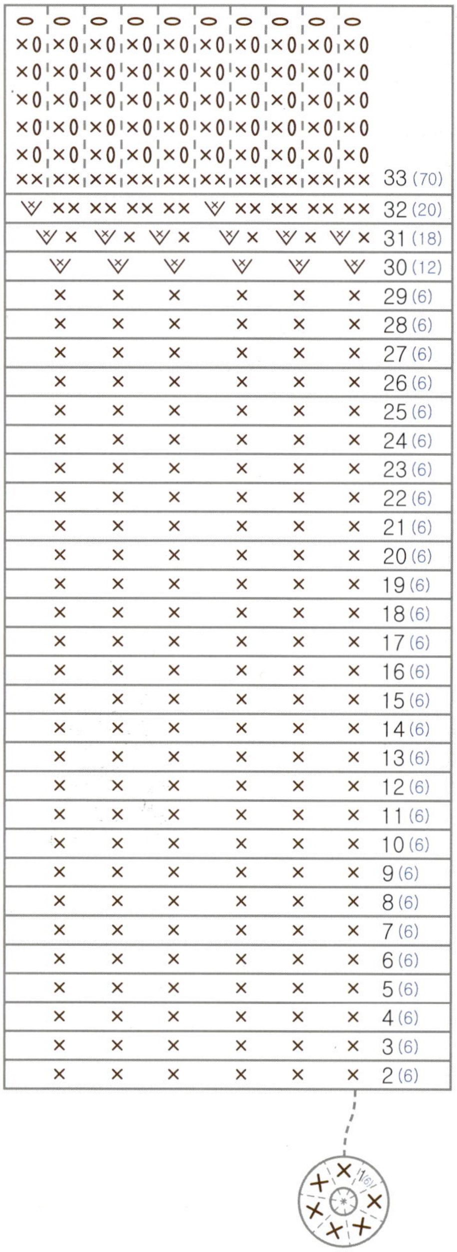

단수	콧수	뜨는 방법
1	6	짧은뜨기 6코
2~29	6	증감 없음
30	12	늘림코 6번
31	18	(짧은뜨기 1코, 늘림코 1번)×6회
32	20	(짧은뜨기 8코, 늘림코 1번)×2회
33	70	(짧은뜨기 1코, 사슬뜨기 6코, 짧은뜨기 6코)×10회

쇠스랑 뜨기

도안을 참고해 진갈색실로 32단까지 뜬다.

다음 코로 코바늘을 넣는다.

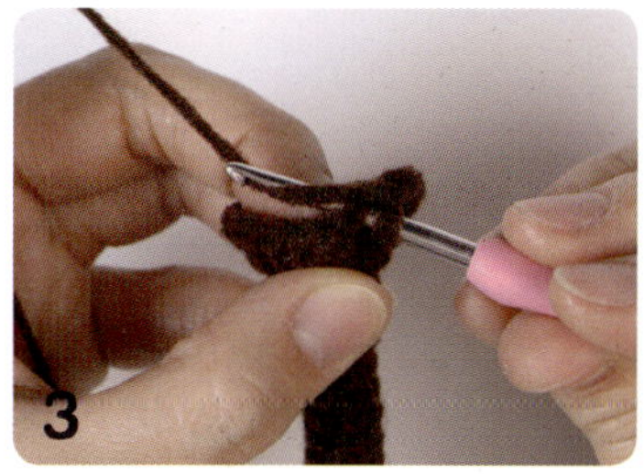

코바늘에 실을 감는다.

코바늘에 감은 실을 빼내면 코바늘 위에 2줄이 걸려있게 된다.

다시 코바늘에 실을 감는다.

코바늘에 감은 실을 2개의 고리 안으로 빼내면 짧은뜨기 한 코가 완성된다.

도안을 참고해 사슬뜨기 6코를 뜬다.

한 코를 빼고 사진과 같이 2번째 사슬코로 코바늘을 넣을 준비를 한다.

2번째 사슬코부터 짧은뜨기를 뜨기 시작해서 남은 4코에도 모두 짧은뜨기를 뜬다.

과정 2에서 코바늘을 넣었던 코의 다음 코로 코바늘을 넣는다.

코바늘에 실을 감아서 빼내면 코바늘 위에 2줄이 걸려있게 된다.

다시 코바늘에 실을 감는다.

코바늘에 감은 실을 2개의 고리 안으로 빼내면 짧은뜨기 한 코가 완성된다.

과정 2~13을 반복해서 끝까지 뜨면 사진과 같은 모양이 된다.
50cm 정도 실을 남기고 자른다.

도안대로 뜨고 나면 10개의 갈고리가 생기는데, 5개씩 맞닿도록 접어 돗바늘로 꿰맨다.

코와 코를 같은 방향(감침질)으로 돗바늘을 통과시키며 꿰맨다.

갈고리 1개를 꿰맨 모습.

남은 4개의 갈고리도 모두 꿰맨다.

연결하기 - 얼굴, 옷, 몸통

도안을 참고해 연분홍색 실로 얼굴을 16단까지 뜬다.

16단의 마지막 코에서 초록색 실을 코바늘에 감아서 뺀다.

TIP 짧은뜨기 2코 모아뜨기한 부분이기 때문에 코바늘 위에 3줄이 걸려있게 된다.

초록색 실로 17단을 뜨기 시작한다.

도안을 참고해 옷을 뜨는데, 17단은 이랑뜨기로 뜬다.

18단까지 뜬 모습.

안쪽 면에 줄이 보이는데, 17단에서 뜬 짧은뜨기 이랑뜨기로 인해 생긴 것이다.

얼굴에 솜을 채운다.

도안을 참고해 연회색 실로 몸통을 끝까지 뜬다.

40cm 정도 실을 남기고 가위로 자른다.

남은 실을 돗바늘에 꿴다. 다음 코에 넣은 후, 빼낸다.

옷 안쪽에 있는 줄에 돗바늘을 넣은 후, 빼낸다.

과정 9의 몸통에서 돗바늘을 넣은 왼쪽 옆 코에 다시 돗바늘을 넣은 후, 빼낸다.

다시 얼굴부분으로 가서 왼쪽 옆 코에 돗바늘을 넣은 후, 빼낸다.

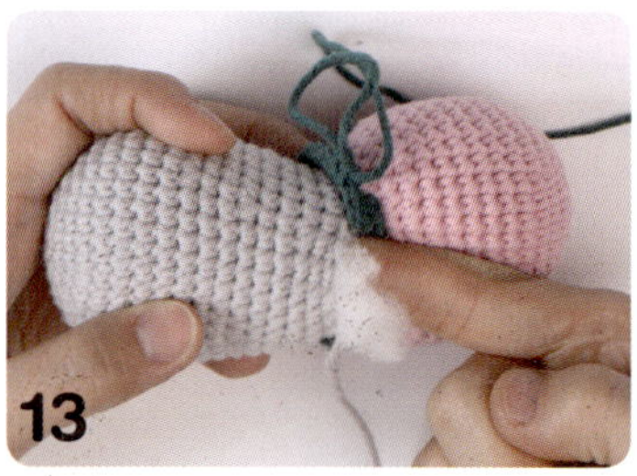

과정 11~12를 반복해서 작은 구멍이 남을 때까지 연결하고 솜을 더 채운다.

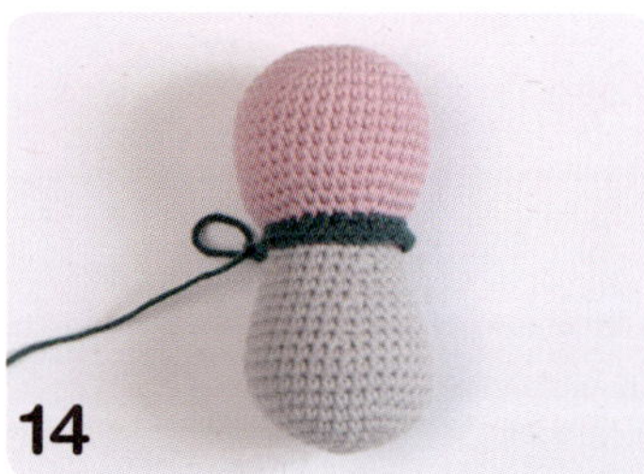

끝까지 연결한 후, 남은 실을 정리한다.

연결하기 - 수염

도안을 참고해 흰색 실로 수염을 뜨고, 30cm 정도 실을 남겨둔다.

얼굴의 8~9단과 12~13단 사이에 수염을 붙일 위치를 수성펜으로 표시한다.

수염을 뜨고 남은 실을 돗바늘에 꿴 후, 얼굴 위에 놓는다.

얼굴의 8~9단 사이에 돗바늘을 넣은 후 빼낸다.

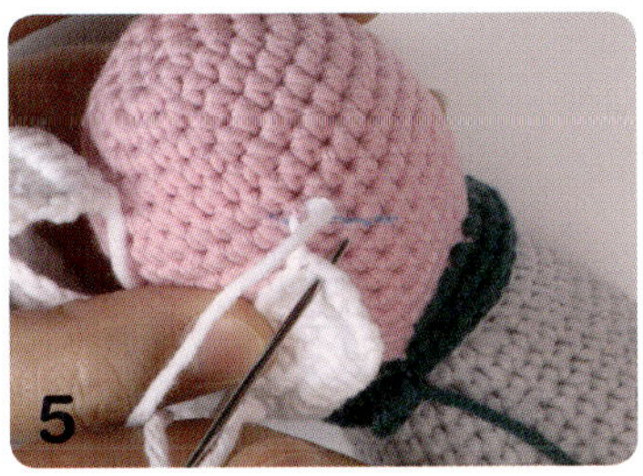

수염에 돗바늘을 넣은 후, 빼낸다.

과정 4~5를 반복해 얼굴 위에 수염을 꿰매 붙인 후, 반대쪽 수염도 대칭이 되도록 꿰맨다.

코는 얼굴과 수염의 중간에 꿰맨다.

연결하기 - 다리

도안을 참고해 빨간색 실로 다리를 뜨고 솜을 채운 후, 몸통의 1~2단 사이에 돗바늘로 꿰맨다.

연결한 모습.

CHAPTER 02

× 굴리굴리 프렌즈 × 소품 만들기

× 아이스크림 콘 ×

알록달록 예쁘고 폭신폭신 부드러운
굴리굴리 프렌즈 아이스크림을 떠보아요.
아이들 장난감도 되고, 귀여운 장식품으로도 좋아요.

상세 정보 난이도 ★ 완성 크기 콘 9cm, 아이스크림 6.5cm

준비물

실: 황토색, 분홍색, 흰색, 진갈색, 노란색, 주황색, 빨간색, 검은색(입 수놓는 용)

바늘: 모사용 코바늘 5/0호

기타: 자수실 또는 뜨개실(진갈색, 검은색), 펠트지(흰색, 하늘색), 돗바늘, 솜, 가위

사용한 뜨개 기법

사슬뜨기, 짧은뜨기, 짧은뜨기 2코 늘려뜨기, 짧은뜨기 2코 모아뜨기, 빼뜨기, 되돌아 짧은뜨기

뜨는 순서

데이지: 아이스크림 → 꼬리 → 콘

시로: 아이스크림 → 코 → 모자 → 콘

로이: 아이스크림 → 부리 → 모자 → 콘

표 보는 법

- 늘림코 = 짧은뜨기 2코 늘려뜨기
- 줄임코 = 짧은뜨기 2코 모아뜨기
- 증감 없음 = 코마다 짧은뜨기 1코씩 뜨기
- 같은 단에서 동일한 뜨기가 반복될 경우 '( )×○회'로 표시
- 짧은뜨기의 기둥코는 사슬뜨기 1코와 같고, 기둥코는 전체 콧수에 포함하지 않는다.

만드는 법

1 도안을 참고해 아이스크림을 18단까지 뜬 후, 솜을 넣고 남은 단을 뜬다.

2 동그란 모양이 되도록 솜을 더 넣고 남은 구멍은 돗바늘로 오므린다.

3 각 부분을 아이스크림 위에 꿰맨다.

a. 데이지: 돗바늘로 꼬리를 꿰매 붙인다.

b. 시로: 돗바늘로 코를 꿰매 붙인 후, 코와 눈을 수놓는다.

c. 로이: 돗바늘로 부리를 꿰매다 조금 남은 구멍으로 솜을 넣은 후 마저 꿰맨다. 부리에 검은색 실로 입모양을 수놓는다. 흰색 펠트지와 하늘색 펠트지를 각각 동그랗게 잘라 눈을 만들고 얼굴에 붙인다.

4 도안을 참고해 콘을 뜨고, 실을 정리한다.

아이스크림 콘 만들기

콘(황토색)

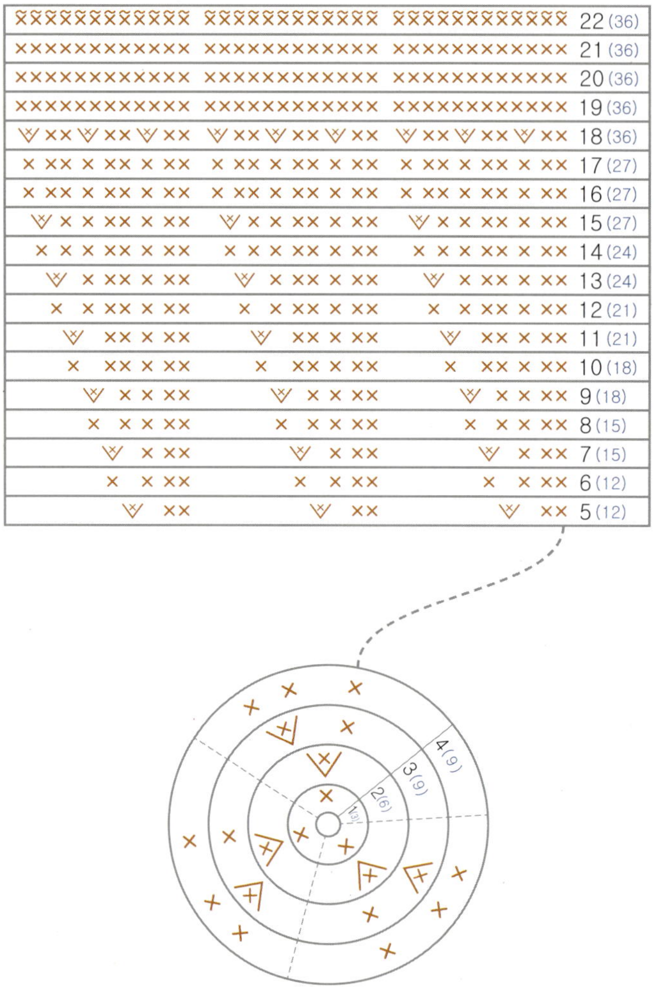

단수	콧수	뜨는 방법
1	3	짧은뜨기 3코
2	6	늘림코 3번
3	9	(짧은뜨기 1코, 늘림코 1번)×3회
4	9	증감 없음
5	12	(짧은뜨기 2코, 늘림코 1번)×3회
6	12	증감 없음
7	15	(짧은뜨기 3코, 늘림코 1번)×3회
8	15	증감 없음
9	18	(짧은뜨기 4코, 늘림코 1번)×3회
10	18	증감 없음
11	21	(짧은뜨기 5코, 늘림코 1번)×3회
12	21	증감 없음
13	24	(짧은뜨기 6코, 늘림코 1번)×3회
14	24	증감 없음
15	27	(짧은뜨기 7코, 늘림코 1번)×3회
16~17	27	증감 없음
18	36	(짧은뜨기 2코, 늘림코 1번)×9회
19~21	36	증감 없음
22	36	되돌아 짧은뜨기 36코

아이스크림(흰색, 분홍색, 노란색)

※ 데이지, 시로, 로이 모두 도안은 같음.

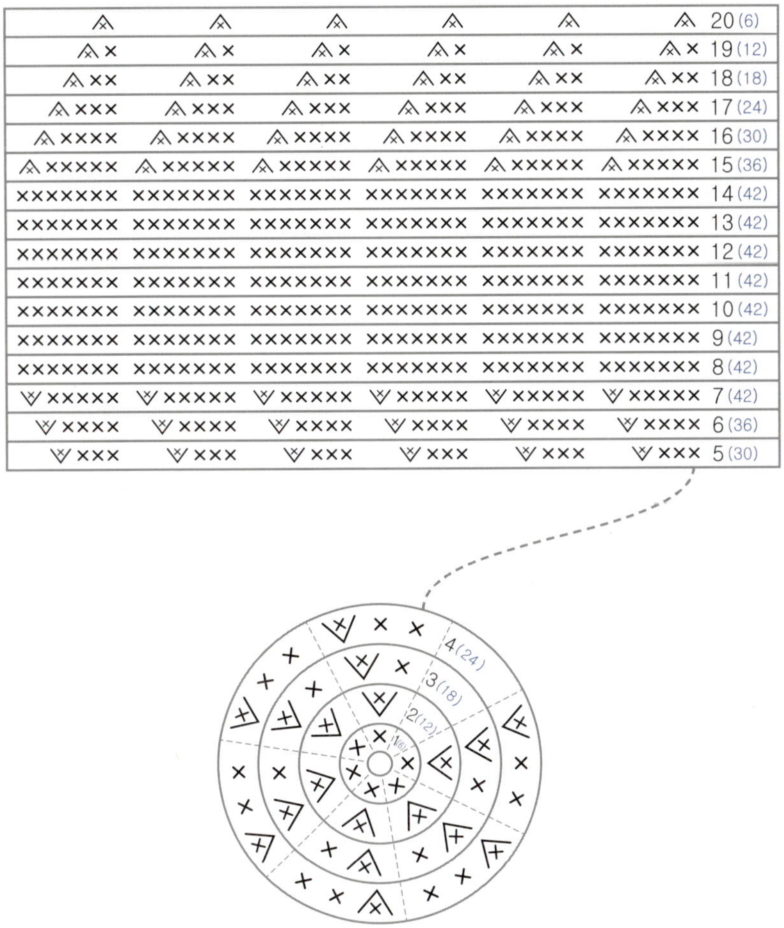

단수	콧수	뜨는 방법
1	6	짧은뜨기 6코
2	12	늘림코 6번
3	18	(짧은뜨기 1코, 늘림코 1번)×6회
4	24	(짧은뜨기 2코, 늘림코 1번)×6회
5	30	(짧은뜨기 3코, 늘림코 1번)×6회
6	36	(짧은뜨기 4코, 늘림코 1번)×6회
7	42	(짧은뜨기 5코, 늘림코 1번)×6회
8~14	42	증감 없음
15	36	(짧은뜨기 5코, 줄임코 1번)×6회
16	30	(짧은뜨기 4코, 줄임코 1번)×6회
17	24	(짧은뜨기 3코, 줄임코 1번)×6회
18	18	(짧은뜨기 2코, 줄임코 1번)×6회
19	12	(짧은뜨기 1코, 줄임코 1번)×6회
20	6	줄임코 6번

로이 부리(주황색)

사슬뜨기 3코를 뜬 후, 기둥코(사슬뜨기 1코)를 세워서 1단을 시작한다.

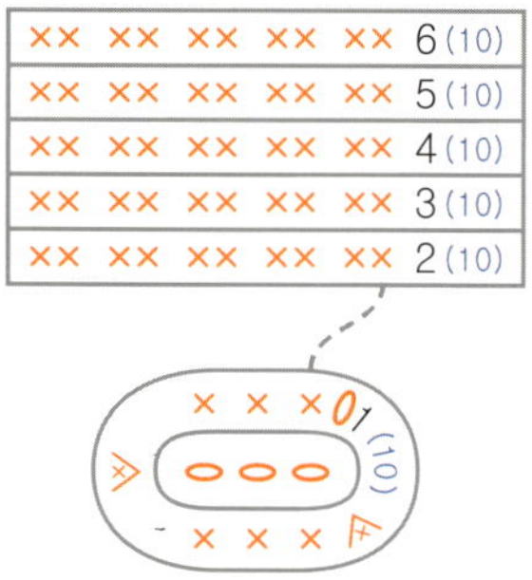

단수	콧수	뜨는 내용
1	10	사슬뜨기 1코(기둥코), (짧은뜨기 3코, 늘림코 1번)×2회
2~6	10	증감 없음

데이지 꼬리(연분홍색)

사슬뜨기 20코를 뜬 후, 기둥코(사슬뜨기 1코)를 세워서 1단을 시작한다.

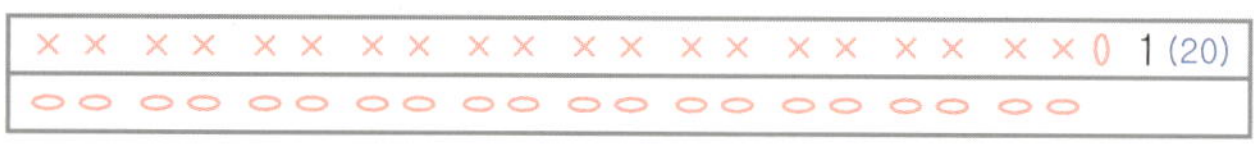

단수	콧수	뜨는 내용
1	20	사슬뜨기 1코(기둥코), 짧은뜨기 20코

시로 코(진갈색)

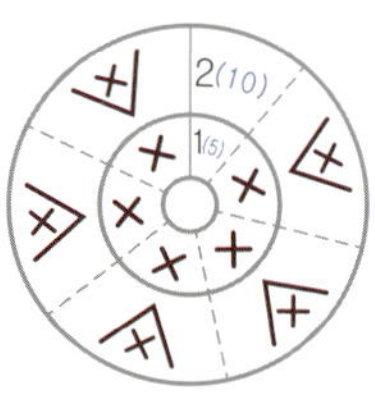

단수	콧수	뜨는 내용
1	5	짧은뜨기 5코
2	10	늘림코 5번

시로 모자 윗부분(진갈색)

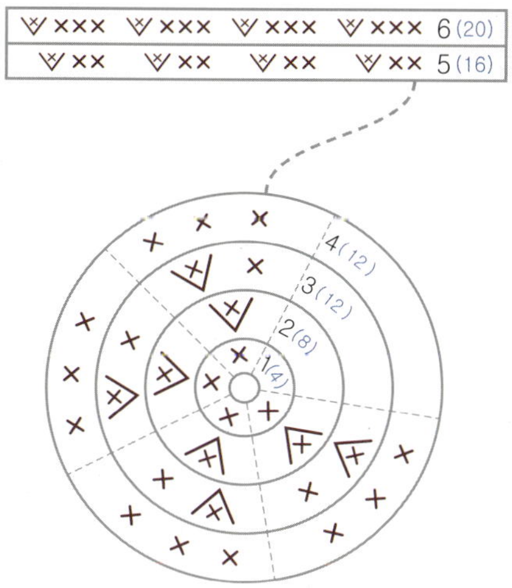

단수	콧수	뜨는 방법
1	4	짧은뜨기 4코
2	8	늘림코 4번
3	12	(짧은뜨기 1코, 늘림코 1번)×4회
4	12	증감 없음
5	16	(짧은뜨기 2코, 늘림코 1번)×4회
6	20	(짧은뜨기 3코, 늘림코 1번)×4회

시로 모자 아랫부분(진갈색)

사슬뜨기 12코를 뜬 후, 기둥코(사슬뜨기 1코)를 세워서 1단을 시작한다.

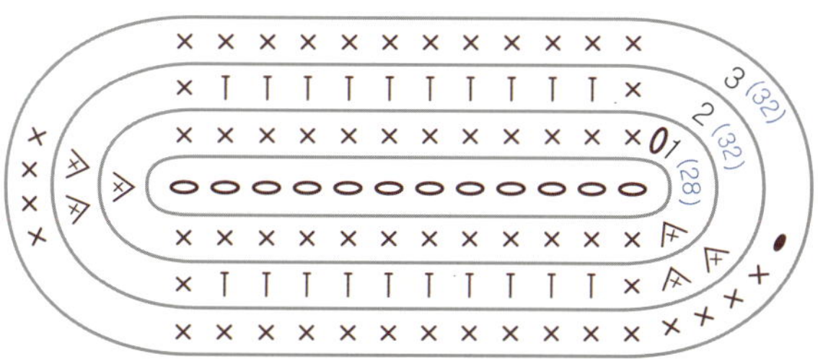

단수	콧수	뜨는 방법
1	28	사슬뜨기 1코(기둥코), (짧은뜨기 12코, 늘림코 1번)×2회
2	32	(짧은뜨기 1코, 긴뜨기 10코, 짧은뜨기 1코, 늘림코 2번)×2회
3	32	증감 없음 빼뜨기로 마무리

※ 시로 모자 윗부분과 아랫부분을 도안대로 뜬 후,
돗바늘로 연결해서 완성한다.

콘 뜨기

도안을 참고해 콘을 21단까지 뜬다.

다음 코로 코바늘을 넣는다.

실을 감는다.

코바늘에 걸린 2줄의 실 중 앞쪽의 실을 그대로 뒤쪽의 실로 빼낸다.

빼뜨기 한 코가 완성된 모습.

과정 2~5을 통해 만든 빼뜨기의 오른쪽에 있는 코로 코바늘을 넣는다.

TIP 빼뜨기했던 코는 뜨지 않고 다음 코부터 코바늘을 넣는다.

사진과 같이 코바늘에 실을 건다.

실을 빼내면 코바늘 위에 2줄이 걸려있게 된다.

다시 실을 감는다.

2개의 고리 사이로 모두 빼내면 되돌아 짧은뜨기 한 코가 완성된다.

※ 되돌아 짧은뜨기는 반대방향(왼쪽에서 오른쪽)으로 진행한다.

오른쪽 옆 코로 코바늘을 넣는다.

실을 감는다.

감은 실을 빼내면 코바늘 위에 2줄이 걸려있게 된다.

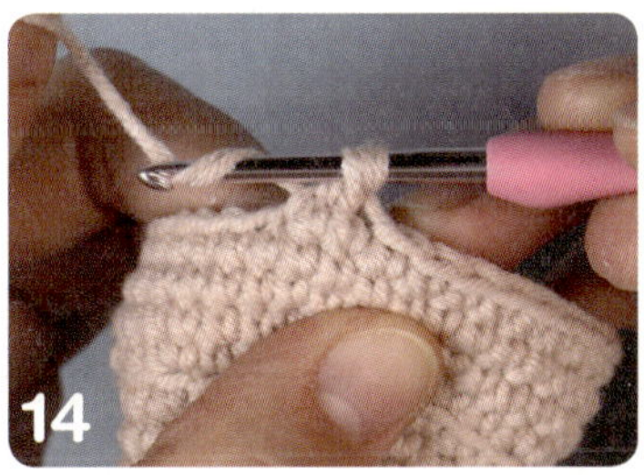

다시 실을 감는다.

2줄 사이로 모두 빼내면 되돌아 짧은뜨기 2번째 코가 완성된다.

나머지 부분도 되돌아 짧은뜨기한다. 남은 실은 돗바늘에 꿰어 콘의 안쪽으로 숨긴 후 가위로 자른다.

× 소녀 지갑 ×

주근깨가 귀여운 소녀가 작은 지갑으로 변신했어요.
자주 쓰는 소품을 직접 만들면 볼 때마다 뿌듯해요.
어디서나 눈에 띄는 나만의 지갑이에요.

상세 정보

난이도 ★★ 완성 크기 15cm

준비물

실: 검은색, 노란색, 살구색

바늘: 모사용 코바늘 5/0호

기타: 자수실 또는 뜨개실(검은색), 펠트지(흰색, 하늘색), 돗바늘, 지갑용 고리형 삼각 프레임, 씨드비즈, 바늘, 실, 가위, 시침핀

사용한 뜨개 기법

짧은뜨기, 짧은뜨기 2코 늘려뜨기, 짧은뜨기 2코 모아뜨기, 사슬뜨기, 긴뜨기, 한길긴뜨기

팁

프레임에 모자를 끼운 다음 프레임의 양쪽 끝과 가운데 부분에 시침핀이나 돗바늘 등으로 고정하고 꿰매야 삐뚤어지지 않는다.

뜨는 순서

모자 ‣ 앞머리 ‣ 얼굴 ‣ 코

표 보는 법

- 늘림코 = 짧은뜨기 2코 늘려뜨기
- 줄임코 = 짧은뜨기 2코 모아뜨기
- 증감 없음 = 코마다 짧은뜨기 1코씩 뜨기
- 같은 단에서 동일한 뜨기가 반복될 경우 '( )×○회'로 표시
- 짧은뜨기의 기둥코는 사슬뜨기 1코와 같고, 기둥코는 전체 콧수에 포함하지 않는다.

만드는 법

1 도안을 참고해 검은색 실로 모자를 뜬다.

2 도안을 참고해 노란색 실로 앞머리 3개를 뜨고 30cm 정도 실을 남긴 후 자른다.

3 모자 안쪽에 앞머리를 놓고 돗바늘로 꿰맨다.

4 도안을 참고해 살구색으로 얼굴을 뜨는데, 마지막 단의 35코는 살구색, 45코는 검은색으로 뜬다.

5 얼굴을 앞머리를 붙인 안쪽 면 위에 놓고, 마지막 단의 살구색 부분만 꿰맨다.

6 반대쪽 면도 1~5와 동일하게 뜨고 꿰맨다.

7 삼각 프레임 사이에 모자를 끼우고, 검은색 바느질용 실을 바늘에 꿰어 홈질한다.

8 반대쪽 면도 프레임에 끼우고 홈질로 꿰맨다.

9 얼굴의 검은색 실로 뜬 45코 부분을 대칭이 되도록 안쪽 면끼리 맞댄 후, 돗바늘에 검은색 실을 꿰어 감침질한다.

10 얼굴 위쪽에 코를 동그랗게 꿰맨다.

11 흰색 펠트지와 하늘색 펠트지를 각각 동그랗게 잘라서 눈을 만들고 얼굴에 붙인다.

12 돗바늘에 검은색 실을 꿰고 코 아래에 입을 수놓는다.

13 얇은 바늘에 바느질용 실을 꿰어 양 볼에 씨드비즈를 꿰맨다.

소녀 지갑 만들기

얼굴(살구색, 검은색) 2개

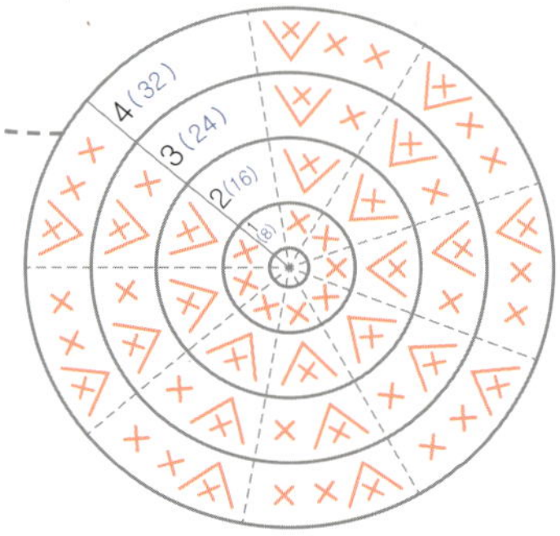

단수	콧수	뜨는 방법
1	8	짧은뜨기 8코
2	16	늘림코 8번
3	24	(짧은뜨기 1코, 늘림코 1번)×8회
4	32	(짧은뜨기 2코, 늘림코 1번)×8회
5	40	(짧은뜨기 3코, 늘림코 1번)×8회
6	48	(짧은뜨기 4코, 늘림코 1번)×8회
7	56	(짧은뜨기 5코, 늘림코 1번)×8회
8	64	(짧은뜨기 6코, 늘림코 1번)×8회
9	72	(짧은뜨기 7코, 늘림코 1번)×8회
10	72	증감 없음
11	80	(짧은뜨기 8코, 늘림코 1번)×8회
12	80	증감 없음

머리카락(노란색) 6개

단수	콧수	뜨는 방법
1	8	짧은뜨기 8코
2	16	늘림코 8번
3	24	(짧은뜨기 1코, 늘림코 1번)×8회
4	32	(짧은뜨기 2코, 늘림코 1번)×8회

코(살구색) 2개

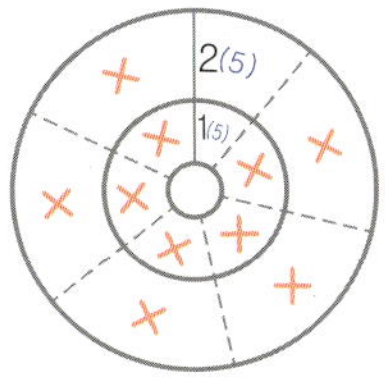

단수	콧수	뜨는 방법
1~2	5	짧은뜨기 5코

모자(검은색)

사슬뜨기 2코를 뜬 후, 기둥코(사슬뜨기 1코)를 세워 1단을 시작한다.

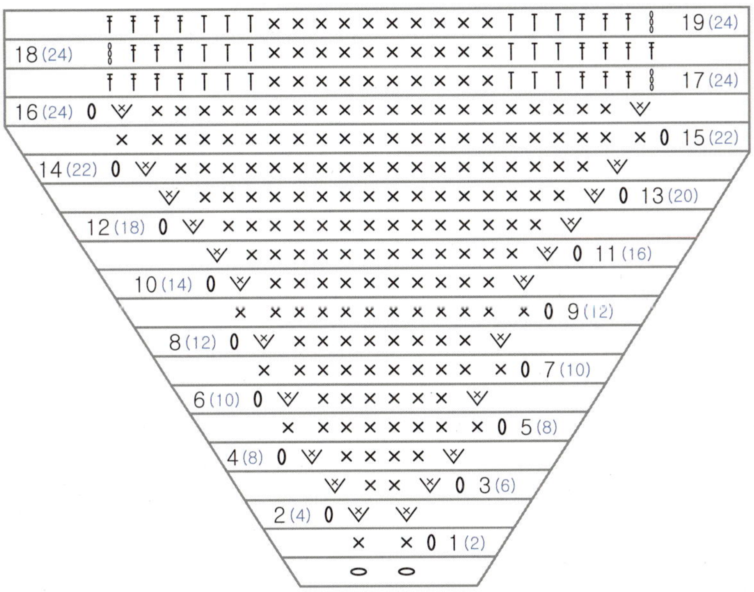

단수	콧수	뜨는 방법
1	2	사슬뜨기 1코(기둥코), 짧은뜨기 2코
2	4	사슬뜨기 1코(기둥코), 늘림코 2번
3	6	사슬뜨기 1코(기둥코), 늘림코 1번, 짧은뜨기 2코, 늘림코 1번
4	8	사슬뜨기 1코(기둥코), 늘림코 1번, 짧은뜨기 4코, 늘림코 1번
5	8	사슬뜨기 1코(기둥코), 증감 없음
6	10	사슬뜨기 1코(기둥코), 늘림코 1번, 짧은뜨기 6코, 늘림코 1번
7	10	사슬뜨기 1코(기둥코), 증감 없음
8	12	사슬뜨기 1코(기둥코), 늘림코 1번, 짧은뜨기 8코, 늘림코 1번
9	12	사슬뜨기 1코(기둥코), 증감 없음
10	14	사슬뜨기 1코(기둥코), 늘림코 1번, 짧은뜨기 10코, 늘림코 1번
11	16	사슬뜨기 1코(기둥코), 늘림코 1번, 짧은뜨기 12코, 늘림코 1번
12	18	사슬뜨기 1코(기둥코), 늘림코 1번, 짧은뜨기 14코, 늘림코 1번
13	20	사슬뜨기 1코(기둥코), 늘림코 1번, 짧은뜨기 16코, 늘림코 1번
14	22	사슬뜨기 1코(기둥코), 늘림코 1번, 짧은뜨기 18코, 늘림코 1번
15	22	사슬뜨기 1코(기둥코), 증감 없음
16	24	사슬뜨기 1코(기둥코), 늘림코 1번, 짧은뜨기 20코, 늘림코 1번
17~19	24	사슬뜨기 3코(기둥코), 한길긴뜨기 3코, 긴뜨기 3코, 짧은뜨기 10코, 긴뜨기 3코, 한길긴뜨기 4코

연결하기

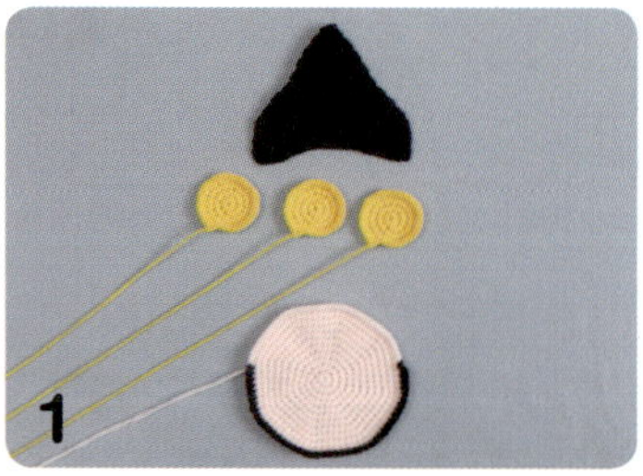

1 도안을 참고해 모자, 앞머리, 얼굴을 뜬다. 모자는 남은 실을 돗바늘에 꿰어 안쪽부분으로 숨겨서 정리하고, 앞머리는 다 뜨고 30cm 정도 실을 남긴 다음 자른다. 얼굴은 다 뜨고 40cm 정도 실을 남긴 후 자른다.

2 앞머리의 안쪽이 보이도록 모자 위에 뒤집어서 놓는다.

3 앞머리를 뜬 후 남은 실을 돗바늘에 꿴 후, 옆 코에 넣어 당긴 다음 모자에 한 땀 뜬다.

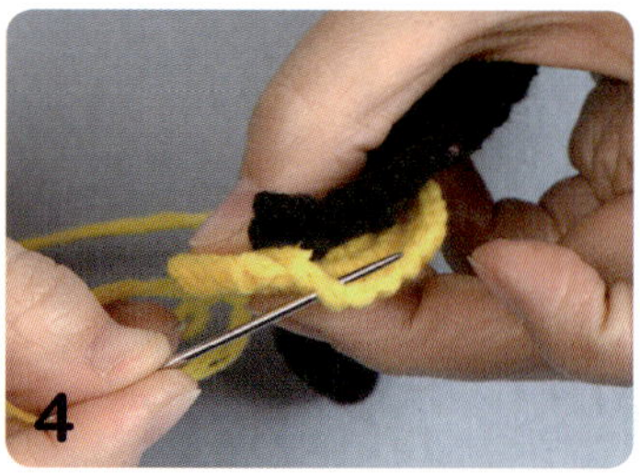

4 다음 코로 돗바늘을 넣는다. 돗바늘을 넣을 때는 바깥에서 안쪽으로 넣어 꿰맨다. 앞머리의 2/3를 모자와 연결한다.

5 모자에 앞머리 한 개를 꿰맨 모습.

6 앞머리끼리 겹치도록 놓고 두 번째 앞머리를 꿰맨다.

7 세 번째 머리카락도 과정 2~6과 동일하게 꿰맨다.

8 앞머리를 모두 꿰맨 후 겉면에서 본 모습.

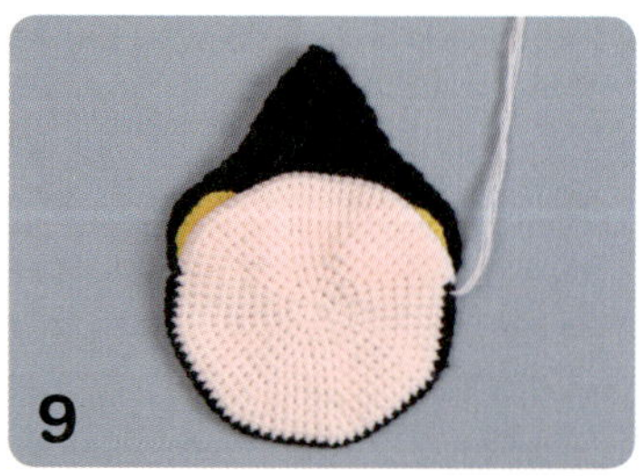

9 안쪽에 얼굴을 올려놓는다. 얼굴을 뜨고 남은 실을 돗바늘에 꿰어 둔다.

옆 코에 돗바늘을 넣는다.

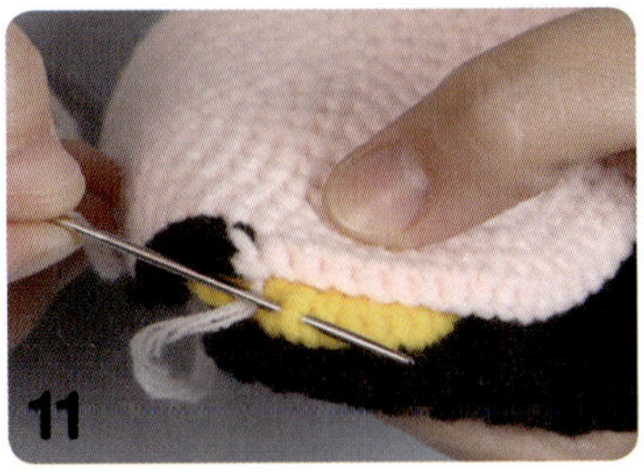

얼굴이 맞닿는 모자 땀을 찾아 돗바늘을 넣는다.

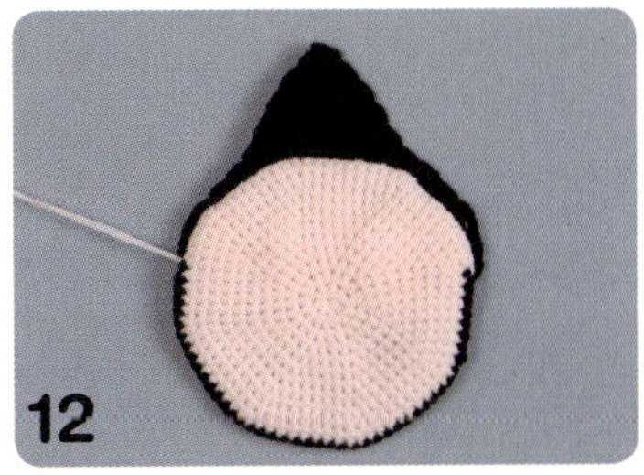

얼굴과 모자를 모두 연결한다.

과정 12까지 하고 겉면에서 본 모습.

삼각 프레임에 모자를 끼운다. 양쪽 끝부분, 모자의 가장 윗부분을 시침핀이나 돗바늘로 고정하고 꿰맨다(p.117 참조). 반대쪽도 삼각 프레임에 끼워 꿰맨 후, 얼굴의 검은색 실로 뜬 45코 부분을 감침질한다.

× 루피 파우치 ×

우주에서 온 외계인 루피가 파우치로 변신했어요.
직사각형 디자인이어서 소품이나 코바늘을 담아 쓰기 좋아요.
프레임에 맞게 크기만 조절해서 나만의 파우치를 만들어보세요.

상세 정보

난이도 ★ 완성 크기 15cm

준비물

실: 파란색, 빨간색

바늘: 모사용 코바늘 5/0호

기타: 자수실 또는 뜨개실(검은색), 펠트지(노란색, 검은색), 돗바늘, 솜, ㄱ자형 사각 프레임, 바느질용 실, 바늘, 가위, 시침핀, 목공풀 또는 글루건

사용한 뜨개 기법

사슬뜨기, 짧은뜨기, 짧은뜨기 2코 모아뜨기

팁

1단의 사슬뜨기를 시작하기 전에 40cm 정도 실을 남긴다. 남긴 실은 밑면을 꿰맬 때 사용한다.

뜨는 순서

파우치 편물 → 코

표 보는 법

- 늘림코 = 짧은뜨기 2코 늘려뜨기
- 줄임코 = 짧은뜨기 2코 모아뜨기
- 증감 없음 = 코마다 짧은뜨기 1코씩 뜨기
- 같은 단에서 동일한 뜨기가 반복될 경우 '( )×○회'로 표시
- 짧은뜨기의 기둥코는 사슬뜨기 1코와 같고, 기둥코는 전체 콧수에 포함하지 않는다.

만드는 법

1 도안을 참고해 파란색 실로 파우치 편물을 뜬다. 마지막 단을 뜨고 남은 실은 돗바늘을 이용해 정리한다. 1단을 뜨기 시작하며 남겨둔 실을 돗바늘에 꿰고, 편물을 반으로 접어서 밑면만 감침질한다.

2 마지막 단이 위쪽으로 오도록 놓고 반을 접어 ㄱ자형 사각 프레임에 끼운다. ㄱ자형 사각 프레임과 편물의 모서리 부분이 잘 맞도록 시침핀이나 돗바늘 등으로 고정하고 바늘에 바느질용 실을 꿰어 홈질한다.

3 아래쪽부터 19단 위쪽에 코를 놓고 돗바늘로 꿰매다가 조금 남은 구멍 사이로 솜을 넣고 연결한다.

4 노란색 펠트지와 검은색 펠트지를 각각 동그랗게 잘라서 눈을 만들고 얼굴에 붙인다.

TIP 노란색 펠트지 위에 검은색 자수실로 새틴스티치로 눈동자를 만들어도 좋다. 노란색 펠트지를 파우치 위에 고정할 때는 목공용풀이나 글루건을 이용해 붙이거나 버튼홀스티치로 꿰맨다.

5 검은색 실을 돗바늘에 꿰어 입을 수놓는다.

파우치 편물(파란색)

40cm 정도 실에 여유를 두고 사슬뜨기 40코를 뜬다.
기둥코(사슬뜨기 1코)를 세워 1단을 시작한다.

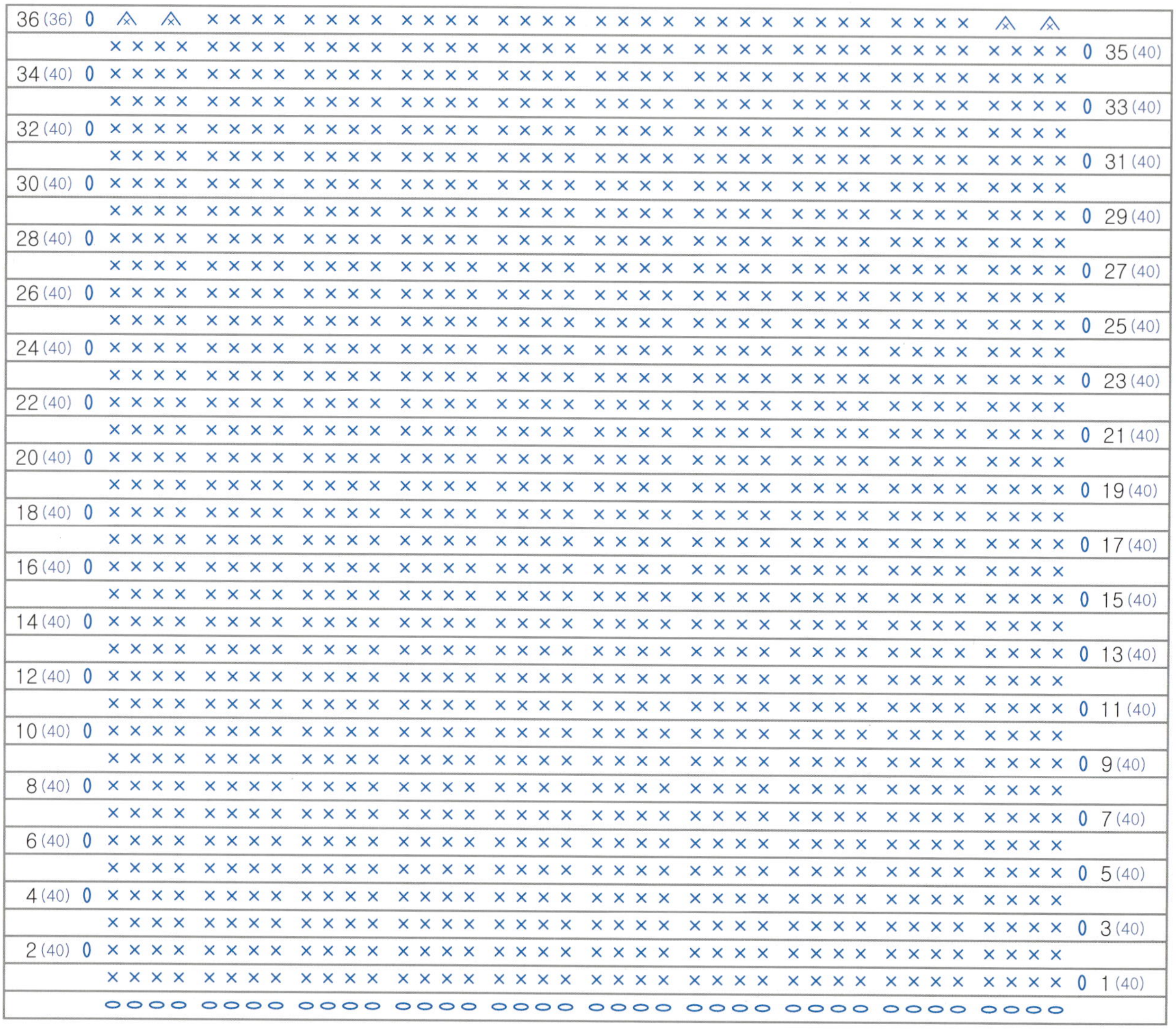

* 1단이 아래쪽으로 가도록 놓고 반으로 접어서 감침질한다.
* 프레임에 끼워넣고 홈질한다.

단수	콧수	뜨는 내용
1~35	40	사슬뜨기 1코(기둥코), 짧은뜨기 40코
36	36	줄임코 2번, 짧은뜨기 32코, 줄임코 2번

연결하기

도안을 참고해 파우치 편물을 뜬다.

1단을 뜨기 전 남긴 실을 돗바늘에 꿴 후, 편물을 반으로 접어 맞닿는 코와 코 사이로 돗바늘을 통과시킨다.

다음 코도 과정 2와 똑같은 방향으로 돗바늘을 통과시킨다. 남은 밑면도 모두 감침질하고, 남은 실은 안쪽으로 숨긴다.

ㄱ자형 사각 프레임에 꿰매지 않은 윗면과 옆면을 끼운다.

프레임에 끼운 편물이 빠지지 않도록 시침핀이나 돗바늘로 고정한다.

바늘에 바느질용 실을 꿰어 끝부분부터 꿰맨다.

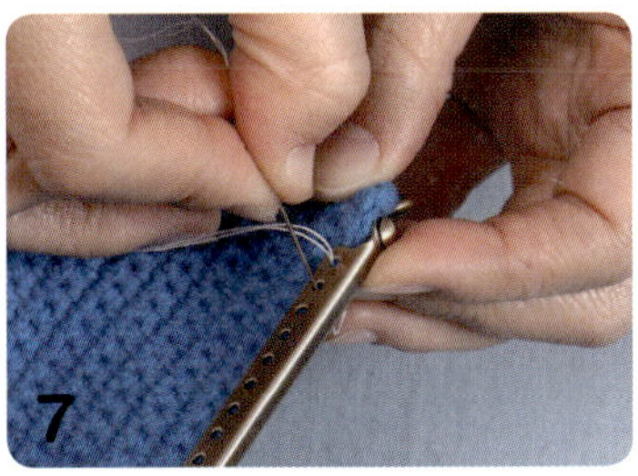

다음 구멍 사이로 바늘을 넣는다.

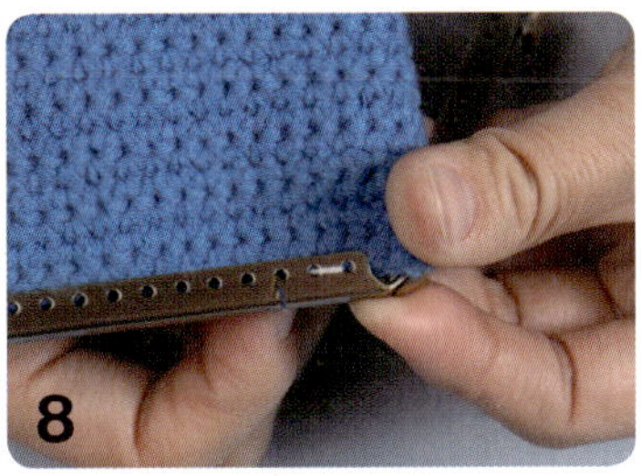

과정 7에서 바늘을 넣었던 구멍의 다음 구멍으로 바늘을 빼낸다.

다음 구멍 사이로 바늘을 넣는다.

사진과 같이 프레임 끝까지 홈질한 다음 방향을 바꿔 시작한 위치로 돌아온다. 반대쪽 프레임도 동일한 방법으로 꿰맨다.

완성한 모습.

× 데이지 바구니 ×

데이지의 특징을 살려서 분홍색 패브릭얀과 큰 코바늘로 바구니를 만들어봤어요.
인형, 뜨개실을 보관하는 용도로 활용해보세요.

상세 정보 난이도 ★ 완성 크기 19cm

준비물

실: 분홍색(패브릭얀)

바늘: 점보 코바늘 9.0mm

기타: 돗바늘

사용한 뜨개 기법

짧은뜨기, 짧은뜨기 2코 늘려뜨기, 짧은뜨기 2코 모아뜨기, 짧은뜨기 이랑뜨기, 되돌아 짧은뜨기, 겹짧은뜨기

뜨는 순서

바구니 → 꼬리

표 보는 법

- 늘림코 = 짧은뜨기 2코 늘려뜨기
- 줄임코 = 짧은뜨기 2코 모아뜨기
- 증감 없음 = 코마다 짧은뜨기 1코씩 뜨기
- 같은 단에서 동일한 뜨기가 반복될 경우 '( )×○회'로 표시
- 짧은뜨기의 기둥코는 사슬뜨기 1코와 같고, 기둥코는 전체 콧수에 포함하지 않는다.

만드는 법

1 도안을 참고해 분홍색 실로 바구니 바닥을 뜬다.
2 바닥을 뜨고 한 단을 짧은뜨기 이랑뜨기한 다음 바구니의 옆면을 겹짧은뜨기로 뜬다.
3 도안을 참고해 마지막 단의 바로 전까지 모두 뜬다.
4 되돌아 짧은뜨기로 마지막 단을 뜬 후, 실을 잘라 정리한다.
5 도안을 참고해 꼬리를 떠서 바구니에 꿰맨 후, 실을 잘라 정리한다.

데이지 바구니 만들기

바구니(연분홍색)

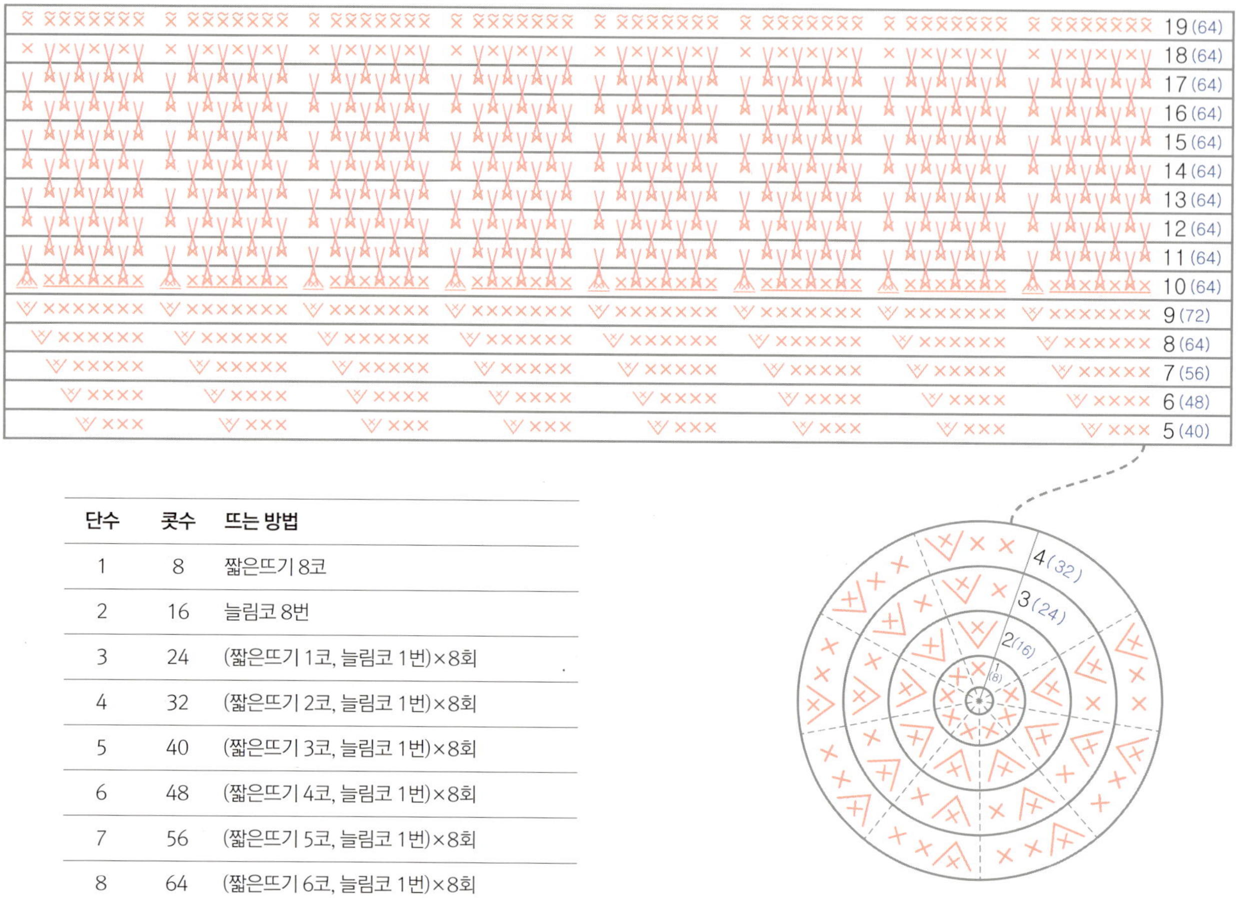

단수	콧수	뜨는 방법
1	8	짧은뜨기 8코
2	16	늘림코 8번
3	24	(짧은뜨기 1코, 늘림코 1번)×8회
4	32	(짧은뜨기 2코, 늘림코 1번)×8회
5	40	(짧은뜨기 3코, 늘림코 1번)×8회
6	48	(짧은뜨기 4코, 늘림코 1번)×8회
7	56	(짧은뜨기 5코, 늘림코 1번)×8회
8	64	(짧은뜨기 6코, 늘림코 1번)×8회
9	72	(짧은뜨기 7코, 늘림코 1번)×8회
10	64	(짧은뜨기 이랑뜨기 7코, 짧은뜨기 2코 모아뜨기 이랑뜨기 1번)×8회
11	64	(짧은뜨기 1코, 겹짧은뜨기 1코)×32회
12	64	(겹짧은뜨기 1코, 짧은뜨기 1코)×32회
13	64	(짧은뜨기 1코, 겹짧은뜨기 1코)×32회
14	64	(겹짧은뜨기 1코, 짧은뜨기 1코)×32회
15	64	(짧은뜨기 1코, 겹짧은뜨기 1코)×32회
16	64	(겹짧은뜨기 1코, 짧은뜨기 1코)×32회
17	64	(짧은뜨기 1코, 겹짧은뜨기 1코)×32회
18	64	(겹짧은뜨기 1코, 짧은뜨기 1코)×32회
19	64	되돌아 짧은뜨기 64코

꼬리(연분홍색)

사슬뜨기 20코를 뜬 후, 기둥코(사슬뜨기 1코)를 세워 1단을 시작한다.

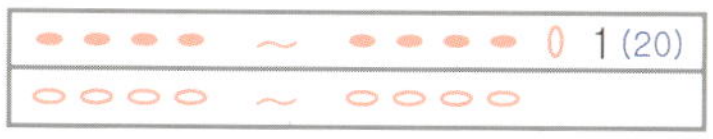

단수	콧수	뜨는 방법
1	20	사슬뜨기 1코(기둥코), 빼뜨기 20코

바구니 뜨기-겹짧은뜨기

도안대로 10단까지 뜬 후, 앞단 다음 코에 코바늘을 넣는다.

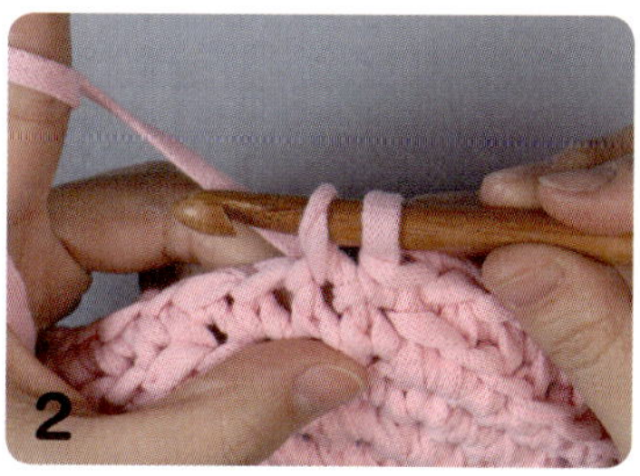

실을 감아서 코 사이로 빼내면 코바늘 위에 2줄이 걸려있게 된다.

다시 실을 감는다.

감은 실을 2줄 사이로 한번에 빼내면 첫 번째 짧은뜨기가 완성된다.

다음 코에 짧은뜨기를 할 때에는 앞단 다음 코의 아랫단으로 바늘을 넣는다.

코바늘을 넣은 모습.

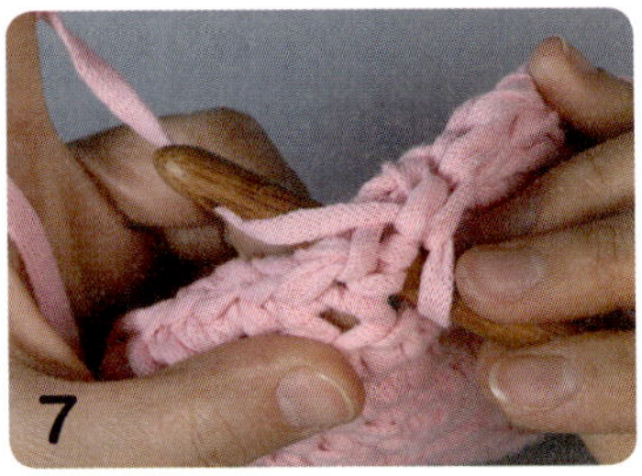

실을 감는다.

감은 실을 빼내면 코바늘 위에 2줄이 걸려있게 된다.

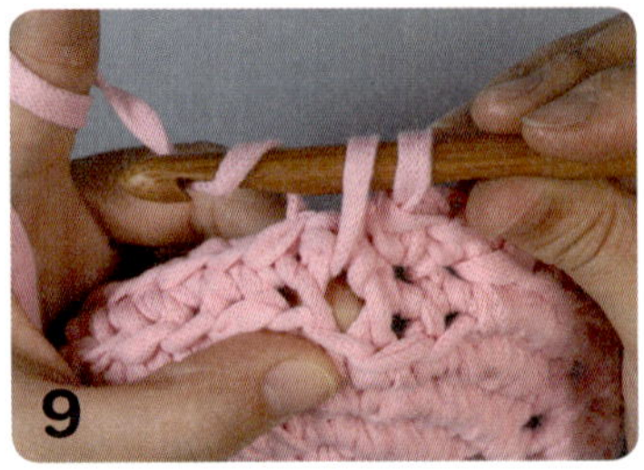

다시 실을 감아서 2줄 사이로 한번에 빼낸다(겹짧은뜨기 1코 완성).

과정 1~9를 반복하여 뜬 모습.

Tip 짧은뜨기를 반복하고 있지만 코바늘이 들어가는 위치만 다르게 하여 바구니 모양을 표현할 수 있다.

19단 되돌아 짧은뜨기까지 모두 뜬다.

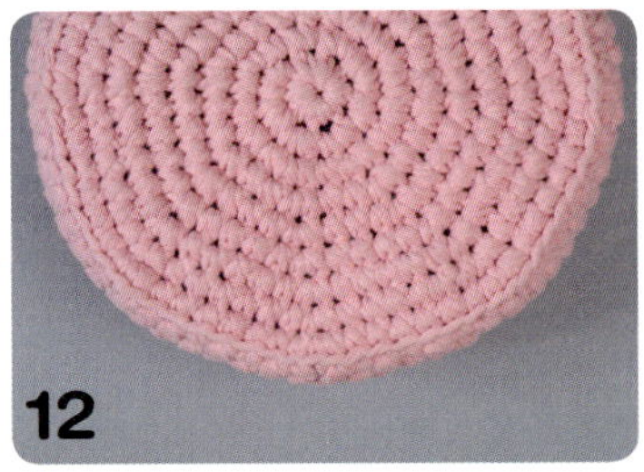

바구니 바닥 모습.

× 토끼 가방 ×

봉긋 솟은 귀가 특징인 토끼 얼굴 모양의 가방을 만들었어요.
특별한 날 아이들에게 줄 선물로 좋아요.

상세 정보

난이도 ★ 완성 크기 가로 13cm, 세로(귀 포함) 20cm

준비물

실: 노란색, 주황색, 빨간색 실

바늘: 모사용 코바늘 5/0호

기타: 자수실 또는 뜨개실(검은색), 펠트지(흰색, 파란색), 돗바늘, 솜, 지퍼, 바느질용 실, 바늘, 가위, 시침핀, 목공풀 또는 글루건

사용한 뜨개 기법

짧은뜨기, 짧은뜨기 2코 늘려뜨기, 짧은뜨기 2코 모아뜨기, 사슬뜨기, 짧은뜨기 이랑뜨기

뜨는 순서

얼굴 → 귀 → 코 → 리본 → 끈

표 보는 법

- 늘림코 = 짧은뜨기 2코 늘려뜨기
- 줄임코 = 짧은뜨기 2코 모아뜨기
- 증감 없음 = 코마다 짧은뜨기 1코씩 뜨기
- 같은 단에서 동일한 뜨기가 반복될 경우 '( )×○회'로 표시
- 짧은뜨기의 기둥코는 사슬뜨기 1코와 같고, 기둥코는 전체 콧수에 포함하지 않는다.

만드는 법

1 도안을 참고해 얼굴부분을 끝까지 뜬다. 앞판과 뒤판 2장을 뜨는데 앞판의 마지막 단을 뜨고 남은 실은 돗바늘로 정리하고, 뒤판의 마지막단을 뜬 후에는 실을 50cm 정도 남겨둔다. 앞판과 뒤판을 마주보게 놓은 후, 뒤판을 뜨고 남은 실을 돗바늘에 꿰어 17단의 60코 뜬 부분만 감침질로 꿰맨다.

2 위쪽의 남은 구멍 안쪽에 지퍼를 시침핀으로 고정해 놓은 후, 일반바늘에 바느질용 실을 꿰어 박음질로 꿰맨다.

3 지퍼를 꿰맨 부분 뒤쪽(=뒤판의 14~15단 사이)에 귀를 꿰맨다.

4 앞판의 짧은뜨기 이랑뜨기를 떠서 생긴 줄 위로 8단 위쪽에 코를 꿰매다가 솜을 넣고 마무리한다.

5 흰색 펠트지와 파란색 펠트지를 각각 동그랗게 잘라서 눈 모양을 만들고 얼굴에 붙인다. (=흰색 펠트지 위에 파란색 자수실로 새틴스티치로 눈동자를 만들어도 좋다. 흰색 펠트지를 가방 위에 고정할 때는 목공용풀이나 글루건을 이용하여 붙이거나 버튼홀스티치로 꿰맨다.)

6 검은색 실을 돗바늘에 꿰어 입모양을 수놓는다.

7 도안을 참고해 리본을 뜨고 실을 30cm 정도 남긴 후, 리본의 양쪽 끝을 감침질로 꿰맨다. 가운데 부분을 남은 실로 감은 후 리본 모양을 만들어 앞판의 오른쪽에 꿰매서 고정한다.

8 도안을 참고해 끈을 뜬 후, 끈의 양쪽 끝부분을 지퍼 아래쪽에 돗바늘로 꿰매준다.
(끈은 여러 번 꿰매야 튼튼하게 사용할 수 있다.)

토끼 가방 만들기

가방 앞판, 뒤판(노란색)

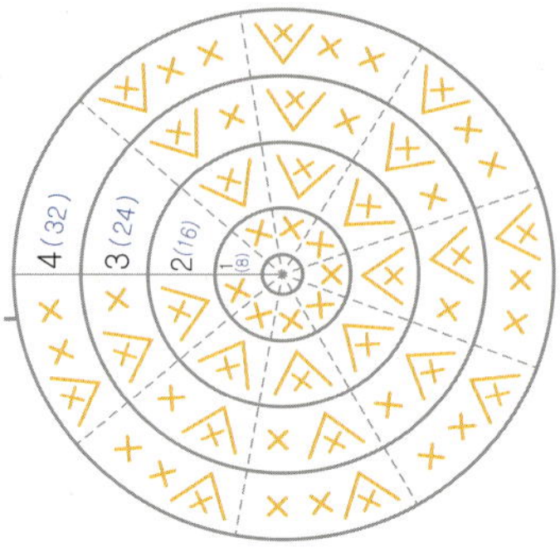

단수	콧수	뜨는 방법
1	8	짧은뜨기 8코
2	16	늘림코 8번
3	24	(짧은뜨기 1코, 늘림코 1번)×8회
4	32	(짧은뜨기 2코, 늘림코 1번)×8회
5	40	(짧은뜨기 3코, 늘림코 1번)×8회
6	48	(짧은뜨기 4코, 늘림코 1번)×8회
7	56	(짧은뜨기 5코, 늘림코 1번)×8회
8	56	증감 없음
9	64	(짧은뜨기 6코, 늘림코 1번)×8회
10	72	(짧은뜨기 7코, 늘림코 1번)×8회
11	80	(짧은뜨기 8코, 늘림코 1번)×8회
12	88	(짧은뜨기 9코, 늘림코 1번)×8회
13	96	(짧은뜨기 10코, 늘림코 1번)×8회
14	104	(짧은뜨기 11코, 늘림코 1번)×8회
15	96	(짧은뜨기 이랑뜨기 11코, 짧은뜨기 2코 모아뜨기 이랑뜨기 1번, 줄임코 1번)×8회
16	96	증감 없음
17	60	짧은뜨기 60코

귀(노란색)

사슬뜨기 3코를 뜬 후, 기둥코(사슬뜨기 1코)를 세워서 1단을 시작한다.

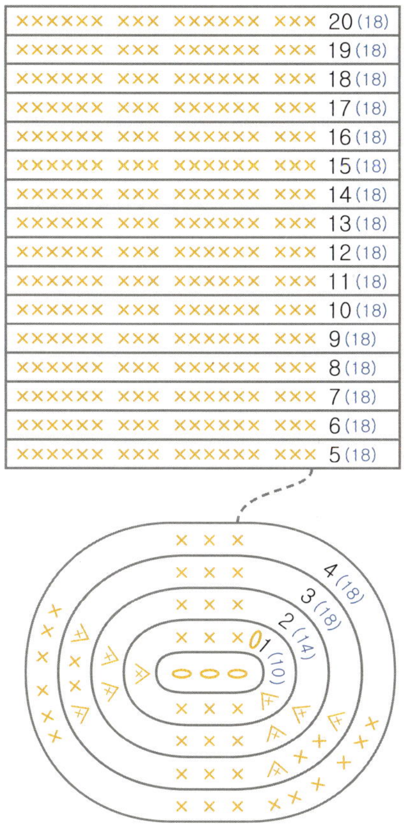

단수	콧수	뜨는 방법
1	10	사슬뜨기 1코(기둥코), (짧은뜨기 3코, 늘림코 1번)×2회
2	14	(짧은뜨기 3코, 늘림코 2번)×2회
3	18	(짧은뜨기 3코, 늘림코 1번, 짧은뜨기 2코, 늘림코 1번)×2회
4~20	18	증감 없음

코(빨간색)

단수	콧수	뜨는 방법
1	6	짧은뜨기 6코
2	12	늘림코 6번
3	15	(짧은뜨기 3코, 늘림코 1번)×3회
4	15	증감 없음

리본(주황색)

사슬뜨기 42코를 뜬 후, 기둥코(사슬뜨기 1코)를 세워서 1단을 시작한다.

단수	콧수	뜨는 방법
1	42	사슬뜨기 1코(기둥코), 짧은뜨기 42코

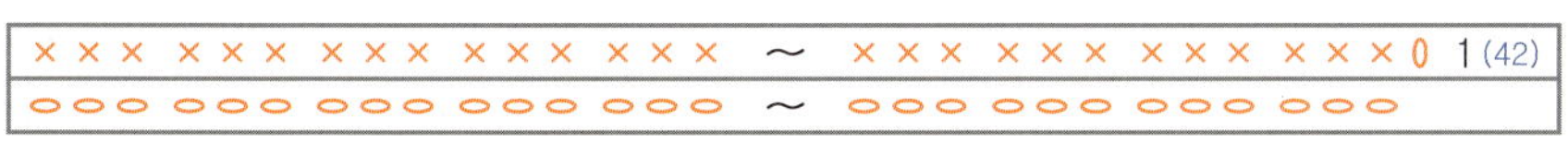

끈(노란색, 주황색)

사슬뜨기 170코를 뜬 후, 기둥코(사슬뜨기 1코)를 세워서 1단을 시작한다.

단수	콧수	뜨는 방법
1~3	170	사슬뜨기 1코(기둥코), 짧은뜨기 170코

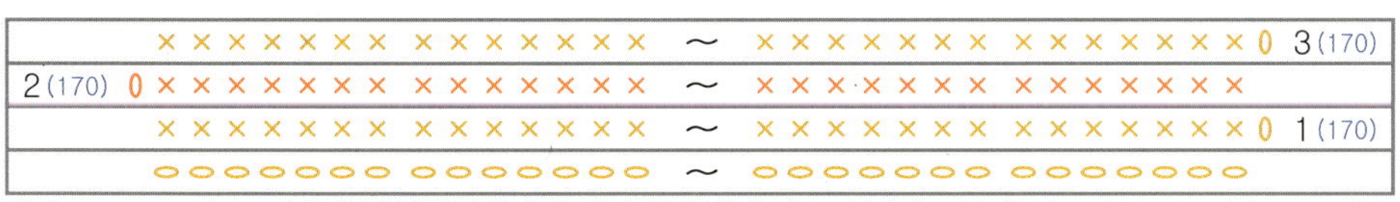

CHAPTER 03

× 도구와 뜨개 기법 ×

사용한 도구와 재료

1. 털실
인형의 모양은 털실의 종류나 두께에 따라 달라진다. 일반적으로 모사, 면사, 아크릴사 등을 사용한다. 이 책의 인형들은 아크릴사, 면과 아크릴이 섞인 혼방사로 만들었다. 데이지, 팬지, 파파, 아이스크림 콘, 토끼 가방은 '아이돌' 털실을, 포비, 루피, 토리, 로이, 시로, 소녀 지갑, 루피 파우치는 '올리브' 털실을 사용했다. 데이지 바구니는 원단을 잘라 실로 만든 패브릭얀을 사용했다.

2. 코바늘
코바늘은 모사용, 레이스용으로 나뉜다. 인형을 뜰 때는 모사나 아크릴사 등 두께가 있는 실을 사용하기 때문에 모사용 코바늘이 필요하다. 이 책에서는 3, 5호 바늘을 사용했으며 데이지 바구니만 9mm의 점보코바늘을 사용했다. 패브릭얀에는 9~12mm 정도의 코바늘을 사용한다.

3. 돗바늘
머리, 몸통 등의 요소들을 연결할 때 쓰는 털실용 바늘이다. 일반 바늘에 비해 바늘 끝이 둥글고 바늘귀가 크다.

4. 목공풀
털실 위에 펠트나 장식 등을 붙일 때 사용한다. 와이어 위에 털실을 감을 때 사용하면 풀이 굳으며 털실이 고정된다. 이 책에서는 로이의 다리를 만들 때 사용했다. 목공풀 대신 글루건을 사용해도 된다. 하지만 글루건은 한번 굳으면 수정이 어려우니 붙일 곳을 잘 확인해 실수 없이 사용해야 한다.

5. 솜
인형 속을 채울 때 사용한다. 솜은 방울솜과 구름솜으로 나뉜다. 방울솜은 코 사이로 빠져나오기 쉽기 때문에 코바늘 인형을 만들 때는 구름솜을 사용하는 것이 좋다.

6. 펠트지
인형의 눈, 코, 입 등을 만들 때 사용한다. 펠트를 털실 위에 붙일 때는 글루건을 사용한다.

7. 가방 바닥
발바닥을 평편하게 만들어 잘 설 수 있게 한다. 솜을 넣기 전에 발바닥 모양으로 잘라서 넣어주면 된다. 하드보드지나 책받침 등으로 대체해도 되며, 사용하지 않아도 무방하다.

8. 공예용 와이어
공예용 와이어는 손으로도 잘 구부러져서 모양을 만들기 쉽다. 털실 사이로 빠져나오지 않도록 끝은 동그랗게 구부려서 넣는다. 인형의 팔에 와이어를 넣으면 완성 후에 자유로운 포즈를 연출할 수 있다.

9. 가위
털실, 펠트지를 자를 때 사용한다.

10. 펜치
공예용 와이어를 자를 때 사용한다.

11. 프레임
프레임 사이에 편물을 끼워 박음질해서 동전지갑이나 파우치 등을 만들 수 있다. 루피 파우치는 사각 프레임, 소녀 지갑은 삼각 프레임을 사용했으며 인터넷에서 가방 프레임, 지갑 프레임으로 검색하면 여러 쇼핑몰을 찾을 수 있다.

12. 나사형 눈
인형 눈은 단추형과 나사형을 사용한다. 평면의 편물일 경우 단추형 눈을 사용하면 좋고, 솜이 들어가는 인형은 나사형 눈을 사용하면 좋다. 이 책에서는 로이와 파파를 만들 때 사용했다.

13. 똑딱단추
데이지와 포비의 옷에 사용된 단추로 암, 수가 한 쌍이며 바느질로 고정한다.

14. 바늘과 실
똑딱단추, 프레임, 씨드비즈, 지퍼를 꿰맬 때 사용한다.

15. 핀셋
작은 부분에 솜을 넣을 때 사용한다.

16. 씨드비즈
작은 사이즈의 구슬로 일반 바늘과 실로 꿰맨다. 이 책에서는 소녀 지갑의 주근깨 표현을 위해 사용했다.

17. 수성펜
물에 지워지는 펜이다. 팔, 다리 등 이어붙일 자리에 표시하면 편리하다.

18. 지퍼
이 책에서는 토끼 가방에 사용했다.

기본 뜨개 방법

사슬뜨기

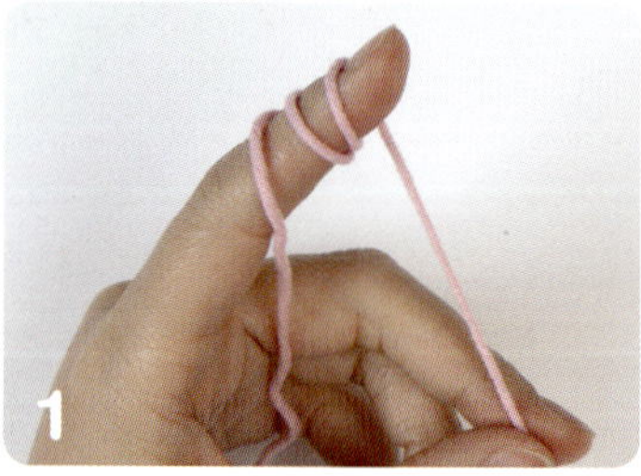

오른손으로 실의 끝부분을 잡고 왼손 집게손가락에 2번 감는다.

TIP 손바닥에서 손등 방향으로 감아준다.

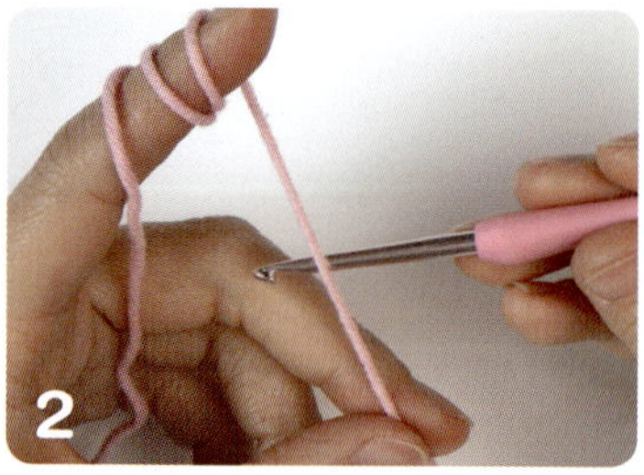

왼손의 엄지손가락과 가운뎃손가락으로 실을 잡은 후, 오른손으로 코바늘을 잡고 실의 뒤쪽에 놓는다.

아래쪽으로 한 바퀴 감아올린다.

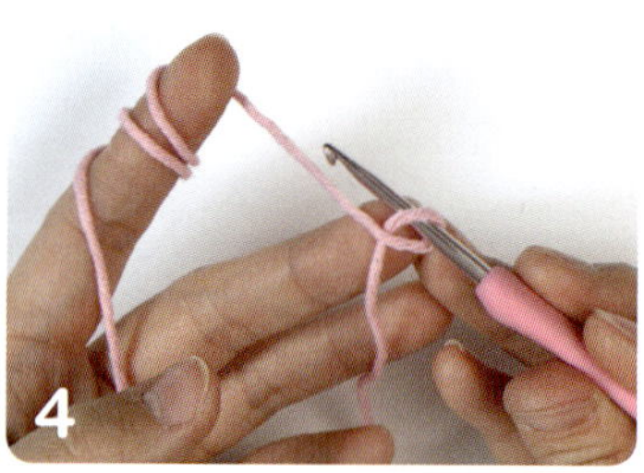

사진처럼 실이 교차하는 부분이 생긴다.

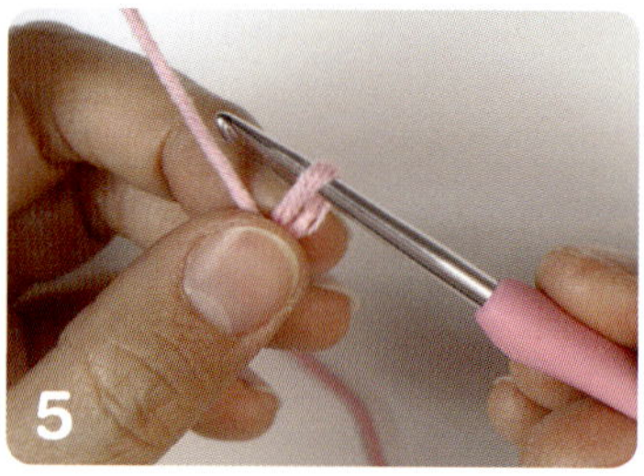

교차하는 부분이 풀리지 않게 왼손의 엄지손가락과 가운뎃손가락으로 잡는다.

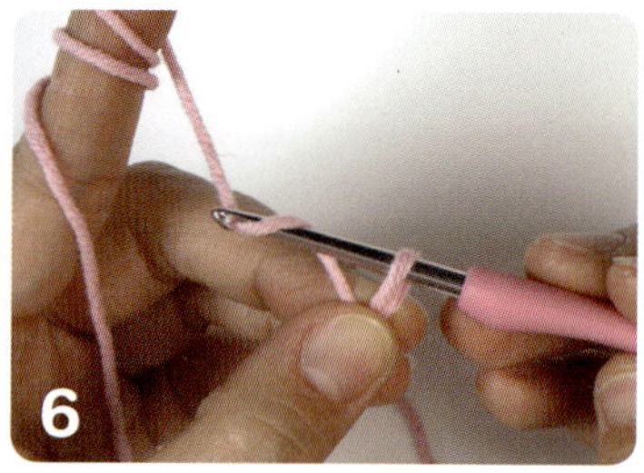

집게손가락에 걸린 실을 코바늘에 감는다.

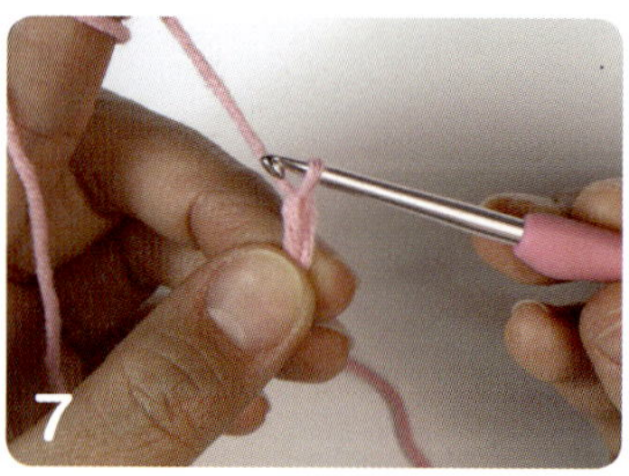

감은 실을 고리 안으로 빼낸다.

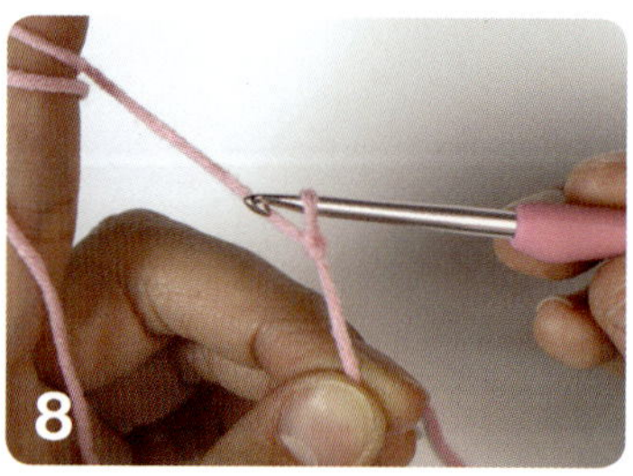

아래쪽의 실을 잡아당기면 매듭이 완성된다.

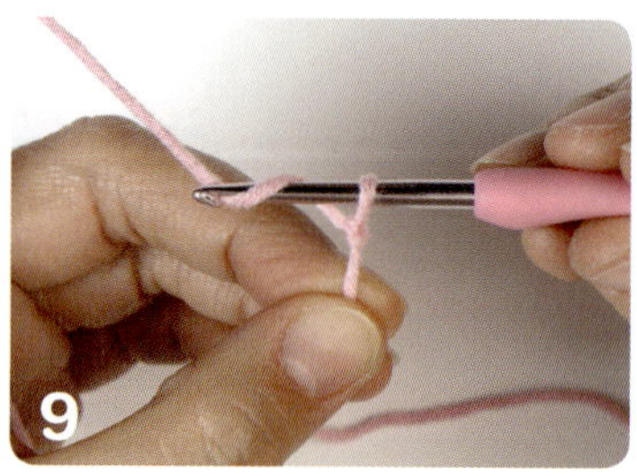

실을 한 번 더 감는다.

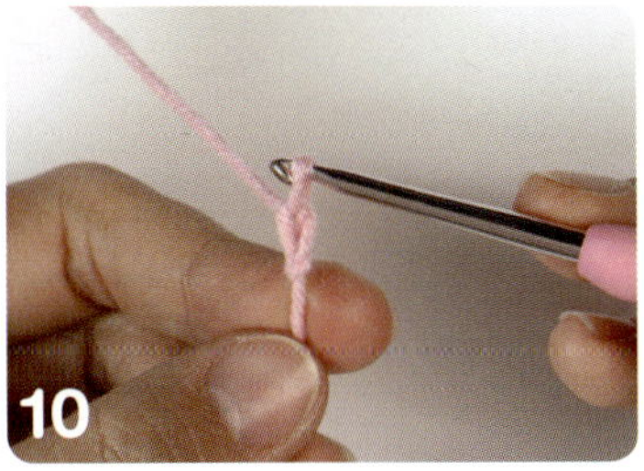

고리 안으로 빼내면 사슬뜨기 한 코가 만들어진다.

과정 9~10을 반복하여 원하는 개수만큼 사슬코를 만든다. 사진은 사슬뜨기 6코를 만든 모습.

원형코 만들기

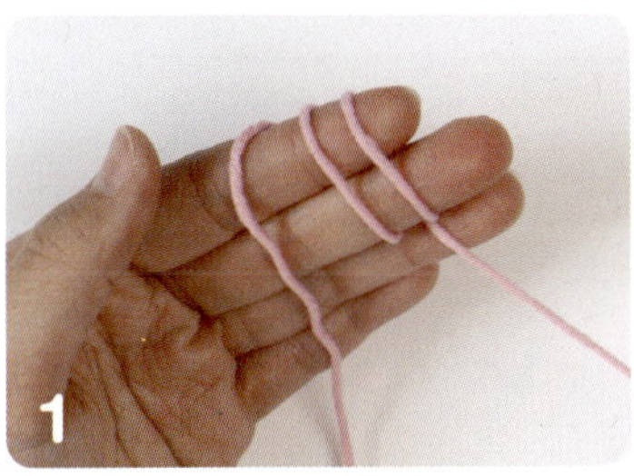

오른손으로 실의 끝부분을 잡고 왼손의 집게손가락과 가운뎃손가락에 2번 감아서 고리를 만든다.

왼손에 감았던 고리를 사진과 같이 손가락 위쪽에서 모두 잡아서 뺀다.

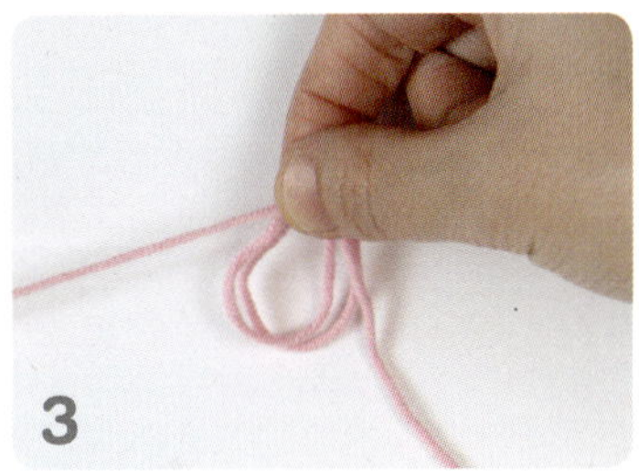

실의 끝부분이 오른쪽으로 오도록 놓고, 고리를 오른손으로 잡는다.

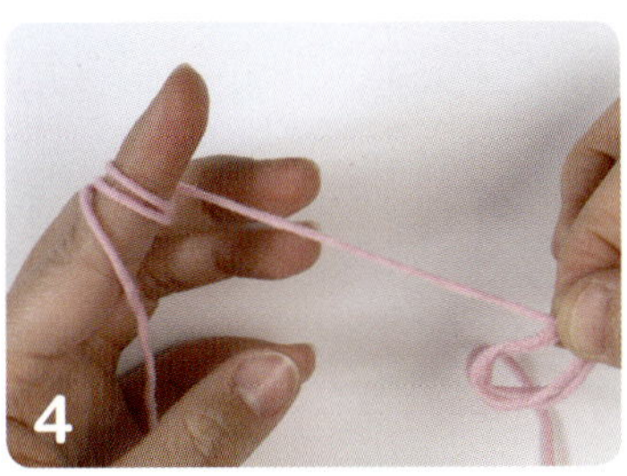

실타래 쪽의 실을 왼손 집게손가락에 1~2회 정도 감는다.

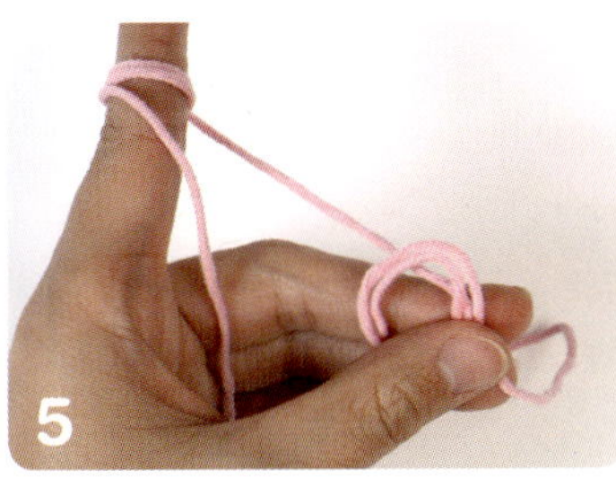

오른손으로 잡고 있던 고리를 왼손의 엄지와 가운뎃손가락으로 옮겨잡는다.

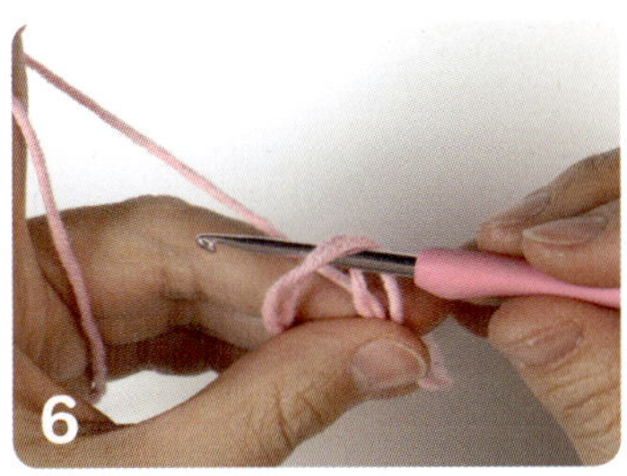

오른손으로 코바늘의 머리가 아래를 향하도록 잡은 후, 고리의 안쪽으로 넣는다.

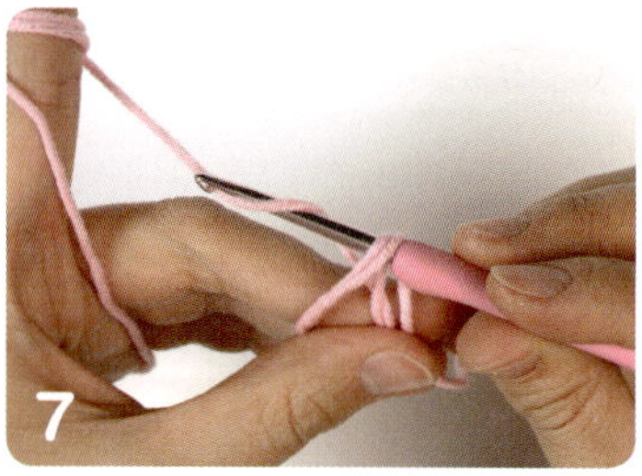

코바늘을 집게손가락에 걸린 실과 손가락 사이의 공간으로 통과시킨 후 바깥쪽에서 실을 감는다.

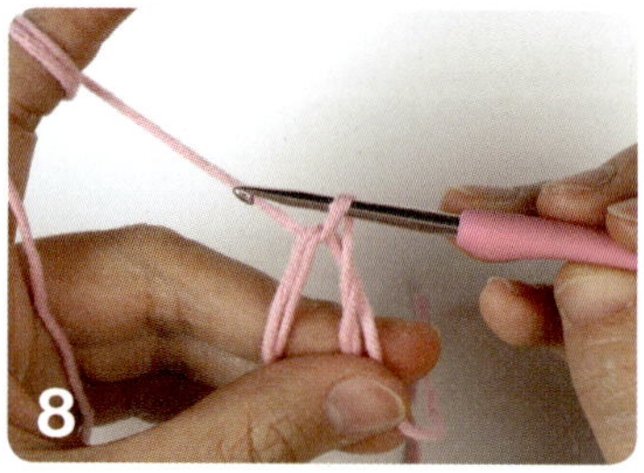

감은 실을 고리 사이로 빼내면 사진과 같은 모양이 된다.

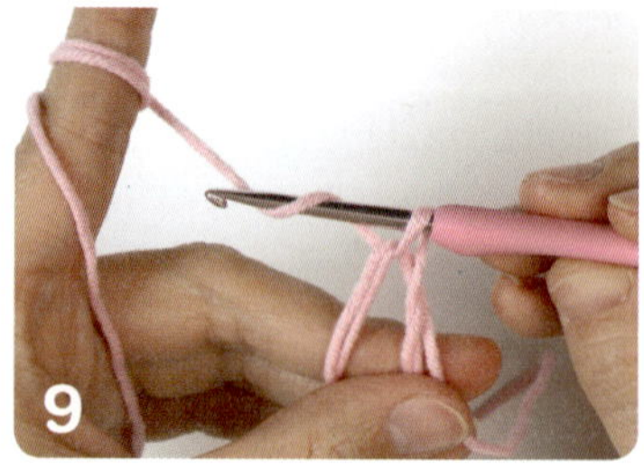

다시 실을 감는다.

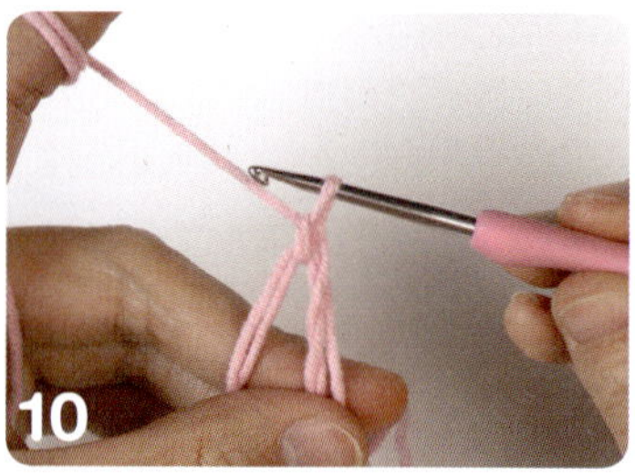

감은 실을 고리 안(과정 8에서 만든)으로 빼낸다.

다시 고리 안으로 코바늘을 넣는다.

실을 감는다.

감은 실을 빼내면 코바늘 위에 2줄이 남아있게 된다.

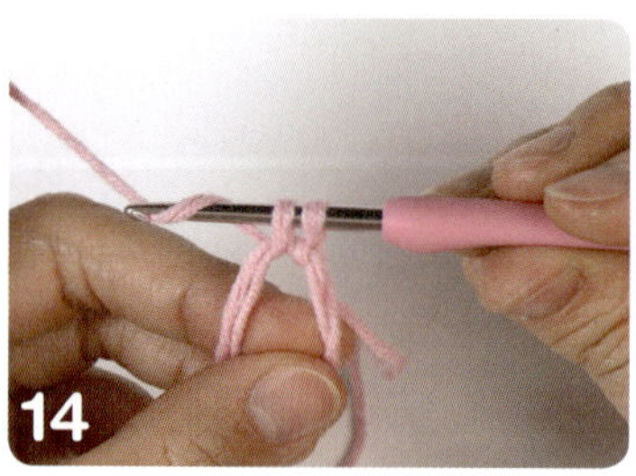

실을 한 번 더 감는다.

감은 실을 2줄 사이로 한번에 빼내면 첫 번째 코가 만들어진다.

고리 안으로 코바늘을 넣는다.

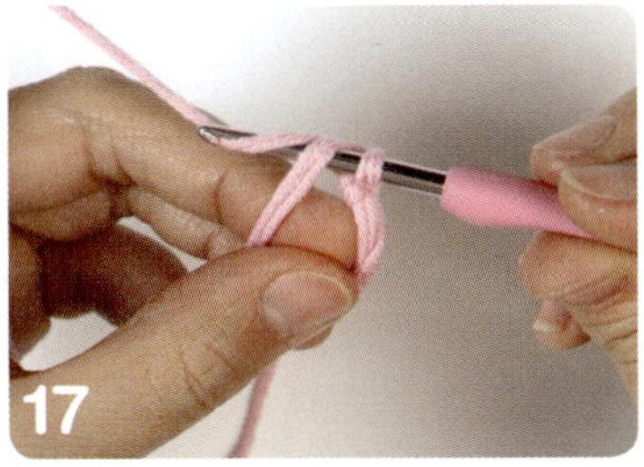

실을 감는다.

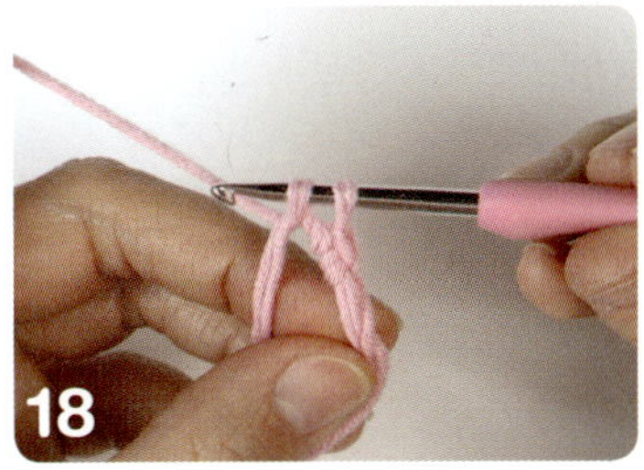

감은 실을 빼낸다.

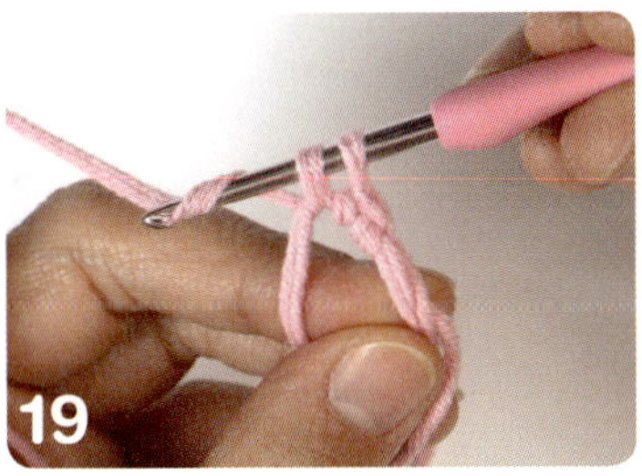

실을 한 번 더 감는다.

감은 실을 2줄 사이로 한번에 빼내면 원형코 만들기에서 두 번째 코가 만들어진다.

과정 16~20을 반복해서 원하는 개수만큼 코를 만든다. 사진은 원형코 6코를 만든 모습.

Tip 원형코의 개수를 셀 때는 바늘에 걸려있는 고리는 제외하고 바로 옆에 있는 사슬 모양의 코부터 끝난 자리까지 센다. 만들려고 했던 코의 개수가 맞는지 확인한 후 다음 단계로 넘어간다.

코바늘이 걸려있던 코가 왼쪽으로 오도록 놓고, 왼손으로 사슬 모양의 코가 모두 위쪽을 향하도록 잡는다.

마지막 코의 옆쪽을 보면 원모양의 고리 2줄과 그 사이의 짧은 줄이 있는데 짧은 줄은 바깥으로 빼내지 말고 그대로 둔다.

원모양의 고리 2줄 중에서 앞쪽에 있는 실을 잡는다.

잡은 실을 오른쪽 아래 방향으로 더 이상 당겨지지 않을 때까지 쭉 당긴다.

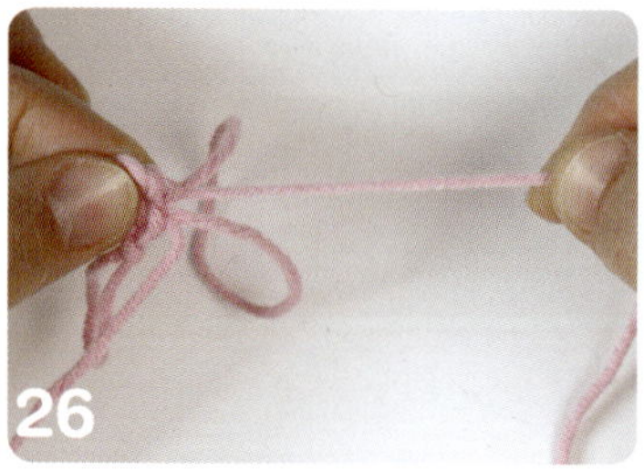

과정 23에서 그대로 둔 짧은 줄을 잡아서 끝까지 쭉 당긴다.

원형코를 완성한 모습.

원형코 2단

원형코를 만들고 난 후, 고리에 코바늘을 넣는다.

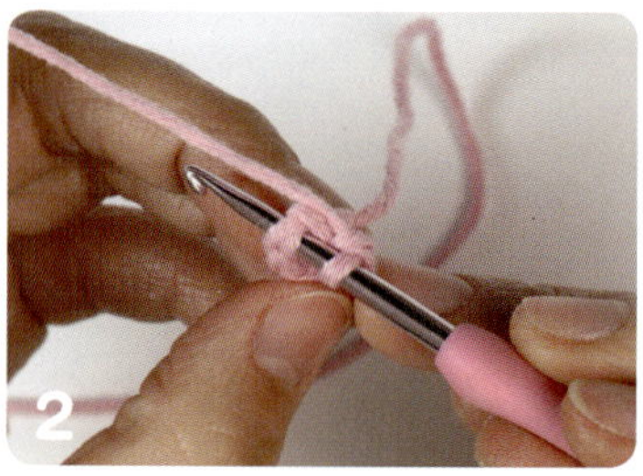

실타래와 연결된 실을 왼손의 집게손가락에 1~2회 감은 후 원형코 부분은 왼손의 엄지손가락과 가운뎃손가락으로 잡는다. 과정 1에서 코바늘을 넣었던 고리를 제외하고 오른쪽 옆에 있는 코부터 시계 방향으로 세어서 6번째 코(사슬모양의 2줄 아래)로 코바늘을 넣는다.

실을 감는다.

감은 실을 빼내면 사진처럼 바늘 위에 2개의 줄이 생긴다.

실을 한 번 더 감는다.

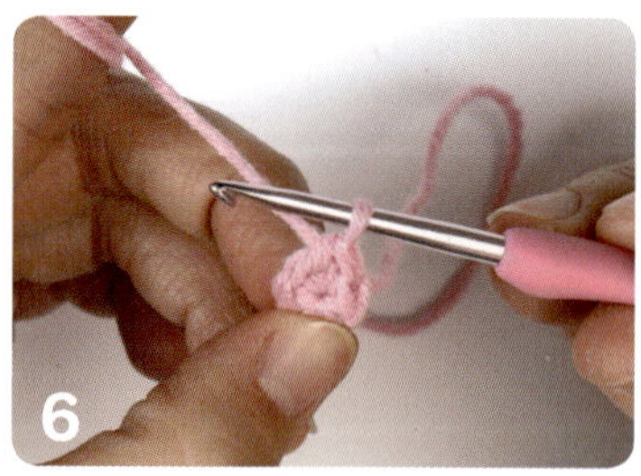

감은 실을 2줄 사이로 한번에 빼내면 짧은뜨기 한 코가 완성된다.

과정 2와 같은 코에 코바늘을 넣는다.

실을 감는다.

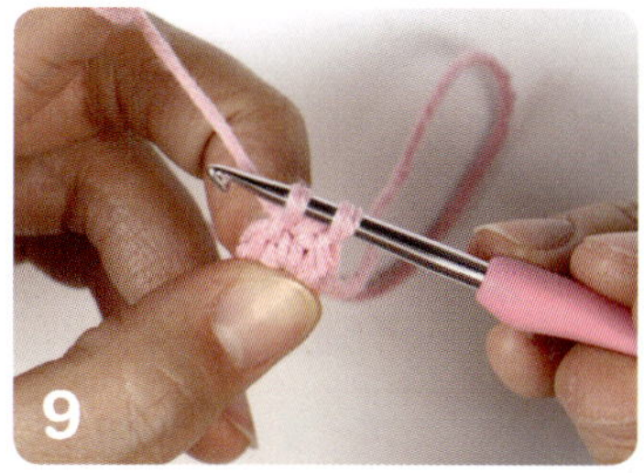

감은 실을 빼낸다.

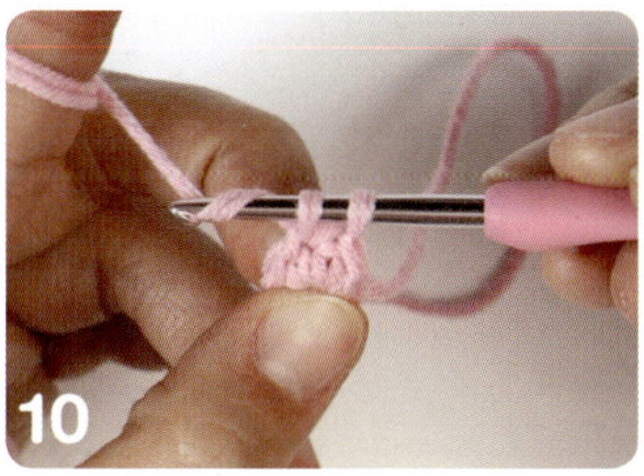

실을 한 번 더 감는다.

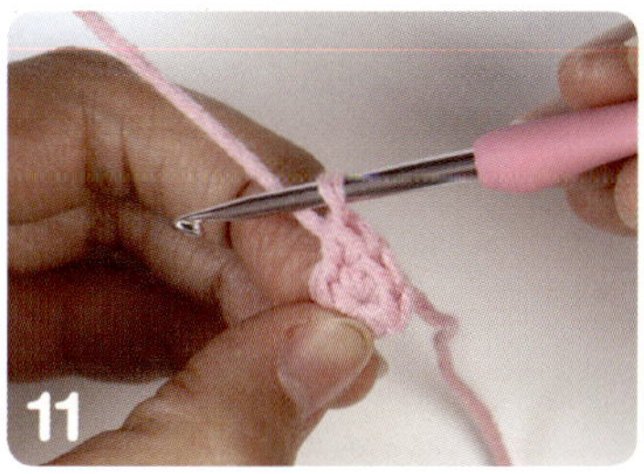

김은 실을 2줄 사이로 한빈에 빼내면 짧은뜨기 2코 늘려뜨기가 완성된다.

남은 5코에 짧은뜨기 2코 늘려뜨기를 반복하여 2단 총 12코를 완성한 모습.

원형뜨기

중심에서 고리를 만들고 1단씩 원을 그리듯이 뜬다.
기본적으로 뜨개바탕의 앞면을 보고 시계 반대 방향으로 뜬다.

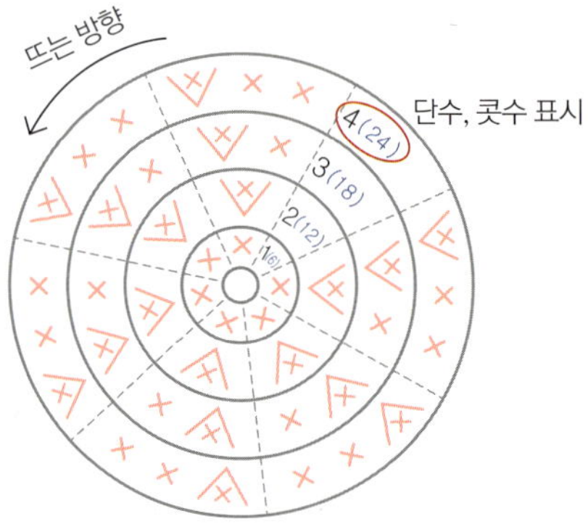

평면뜨기(왕복뜨기)

좌우에 기둥코가 오는 것이 특징이다. 매단마다 편물을 돌리면서 뜨는데, 오른쪽에 기둥코가 있을 때는 뜨개바탕 앞면을 보고 뜨개도안의 오른쪽에서 왼쪽으로 따라가며 뜨고, 왼쪽에 기둥코가 있을 때는 반대 방향으로 따라가며 뜬다.

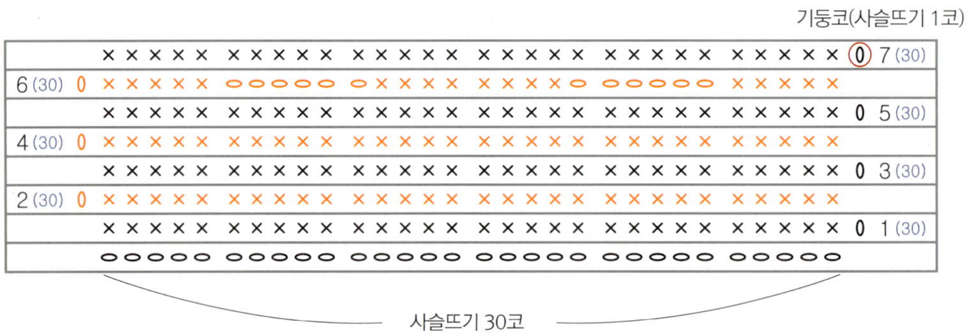

이 책의 도안 보는 법

뜨는 부분, 색, 수량 표시

몸통(연두색)

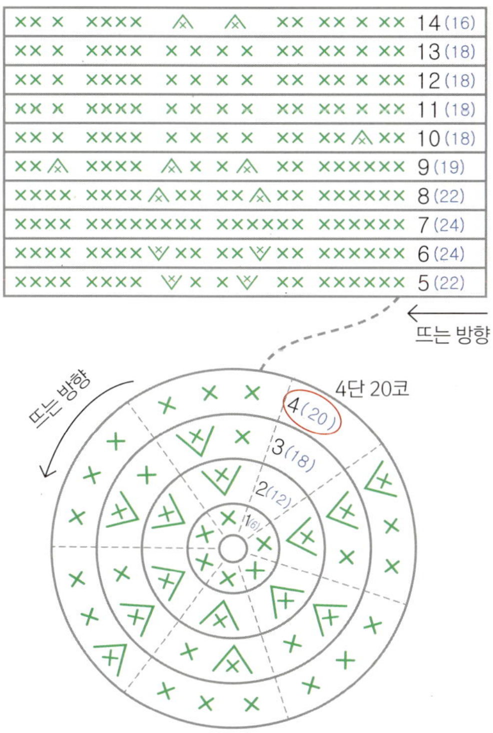

원형코 만들기로 6코 만들어 시작한다

팔(연두색) 2개

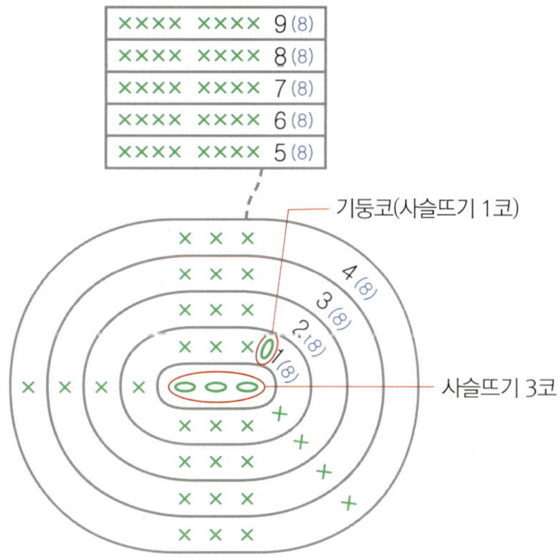

사슬뜨기 3코를 뜬 후, 기둥코(사슬뜨기 1코)를 세워 시작한다
(기둥코는 콧수로 세지 않는다)

※ 박스 안의 도안은 원형뜨기를 평면으로 펼쳐놓은 도안이다.

※ 모든 도안은 단이 끝날 때마다 빼뜨기 없이 뜬다.

뜨개법과 기호

(1) 사슬뜨기

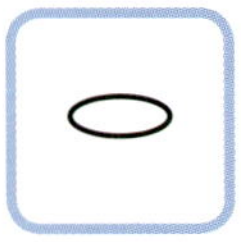

사슬뜨기

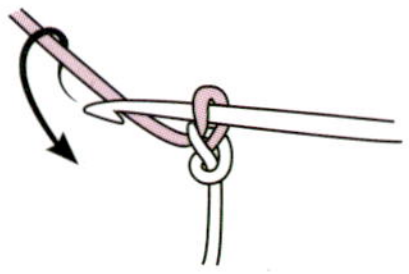

1 첫코를 만들고 바늘에 실을 건다.

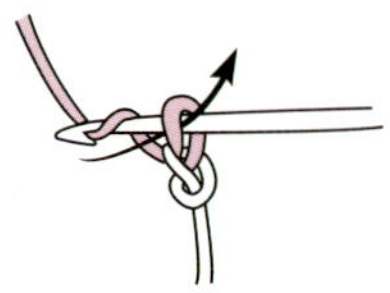

2 바늘에 걸린 실을 끌어내어 사슬코 완성.

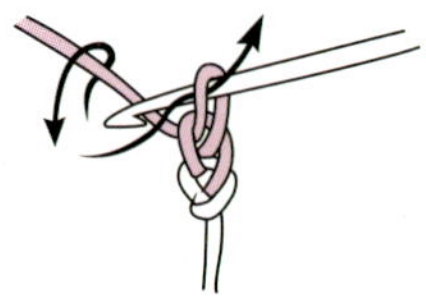

3 같은 방법으로 1, 2를 되풀이하여 뜬다.

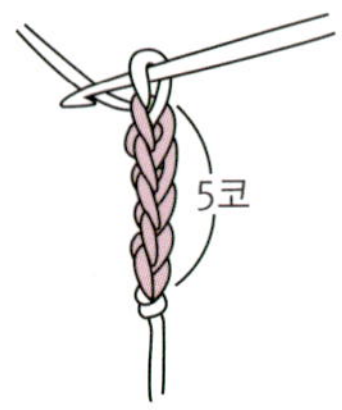

4 사슬뜨기 5코 완성.

(2) 빼뜨기

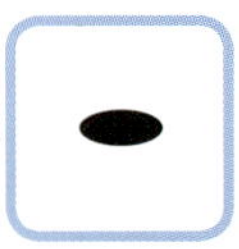

빼뜨기

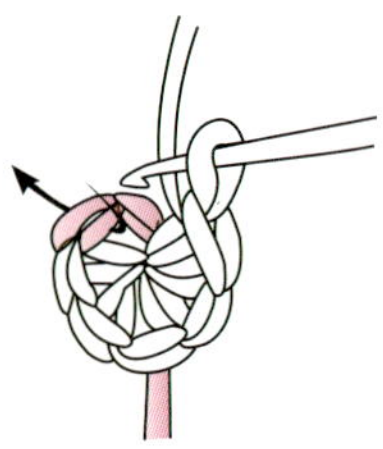

1 앞단 코에 바늘을 넣는다.

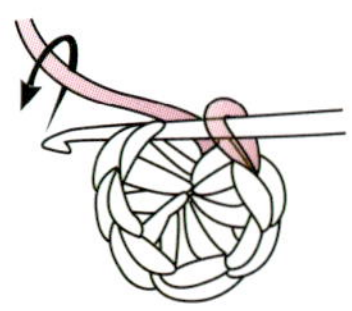

2 바늘에 실을 건다.

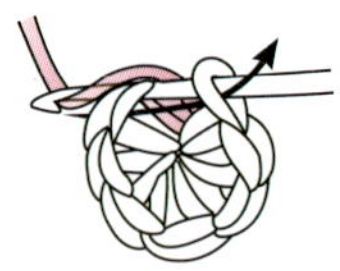

3 실을 한번에 빼낸다.

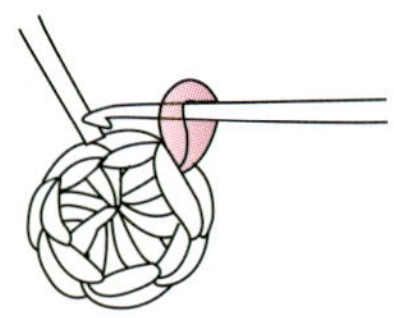

4 빼뜨기 1코 완성.

(3) 짧은뜨기

짧은뜨기

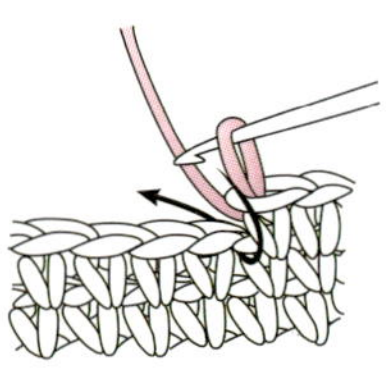

1 앞단 코에 바늘을 넣는다.

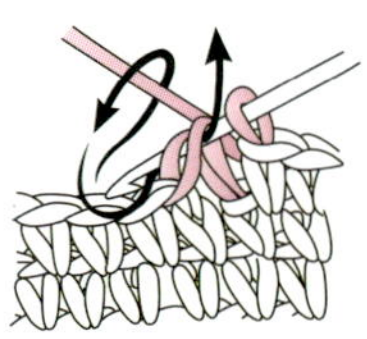

2 바늘에 실을 걸어서 고리 앞으로 끌어낸다.

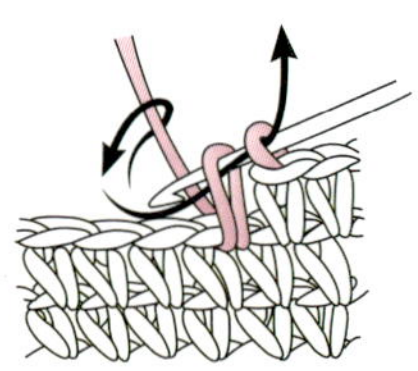

3 바늘에 실을 걸고 고리 2개 안으로 한번에 빼낸다.

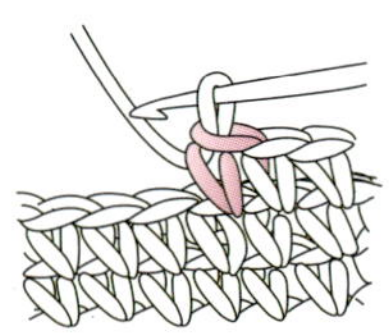

4 짧은뜨기 1코 완성.

(4) 긴뜨기

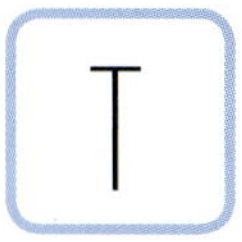

긴뜨기

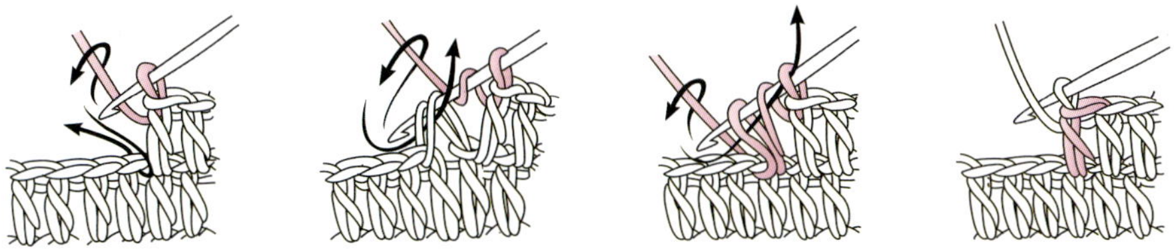

1 바늘에 실을 건 다음 앞단 코에 바늘을 넣는다.

2 다시 바늘에 실을 걸어서 앞으로 끌어낸다(끌어낸 이 상태를 미완성 긴뜨기라고 한다).

3 바늘에 실을 걸고 고리 3개 안으로 한번에 빼낸다.

4 긴뜨기 1코 완성.

(5) 한길긴뜨기

한길긴뜨기

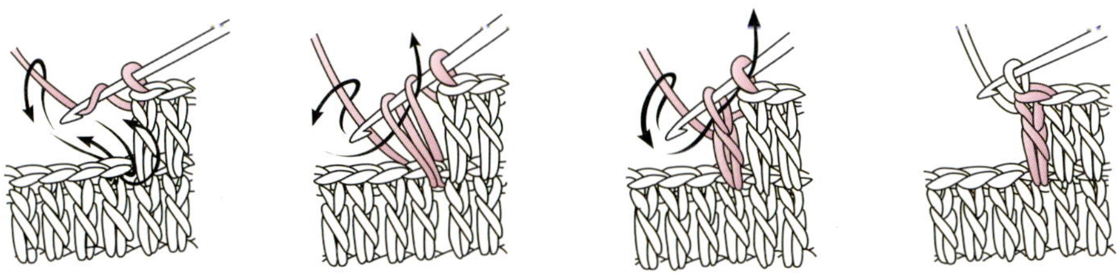

1 바늘에 실을 건 다음 앞단 코에 바늘을 넣고, 다시 실을 걸어서 고리를 앞으로 끌어낸다.

2 화살표처럼 바늘에 실을 걸고 고리 2개 안으로 빼낸다(빼낸 이 상태를 미완성 한길긴뜨기라고 한다).

3 한 번 더 바늘에 실을 건 다음에 남은 고리 2개 안으로 화살표처럼 빼낸다.

4 한길긴뜨기 1코 완성.

(6) 짧은뜨기 2코 모아뜨기

짧은뜨기 2코 모아뜨기

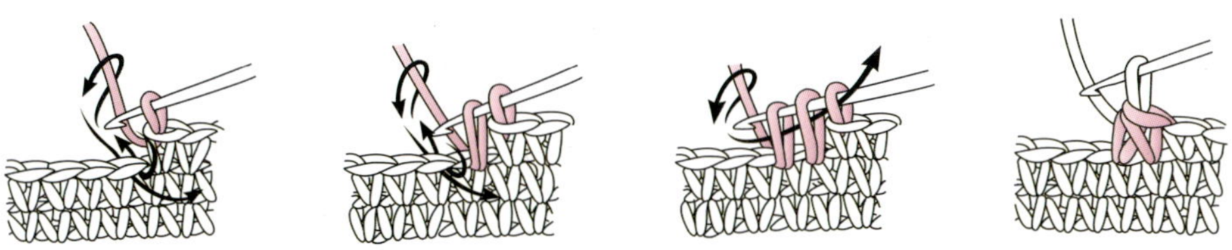

1 앞단 코에 화살표처럼 바늘을 넣어서 고리를 끌어낸다.

2 다음 코에서도 같은 방법으로 고리를 끌어낸다.

3 바늘에 실을 걸고 고리 3개 안으로 한번에 빼낸다.

4 짧은뜨기 2코 모아뜨기 완성(앞단보다 1코 줄어든 상태).

(7) 짧은뜨기 2코 늘려뜨기

짧은뜨기 2코 늘려뜨기

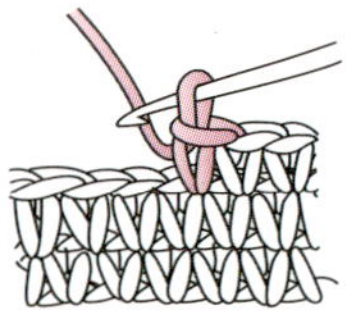

1 짧은뜨기를 1코 뜬다.

2 같은 코에 한 번 더 바늘을 넣어서 고리를 앞으로 끌어낸다.

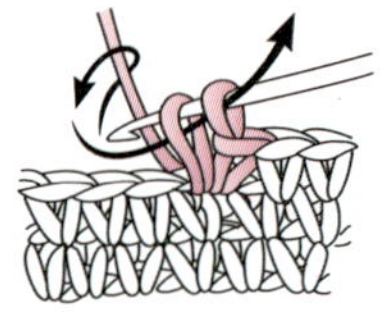

3 바늘에 실을 걸고 고리 2개 안으로 한번에 빼낸다.

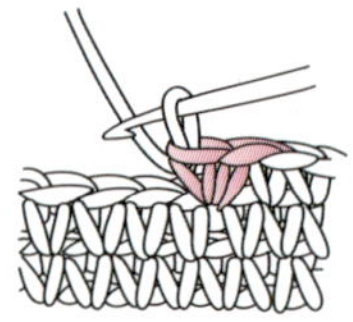

4 앞단의 1코에 짧은뜨기 2코를 뜬 모습(앞단보다 1코 늘어난 상태).

'짧은뜨기 3코 늘려뜨기'도 같은 요령으로 뜨는데, 앞단의 1코에 짧은뜨기 3코를 뜬다.

(8) 한길긴뜨기 3코 구슬뜨기

한길긴뜨기 3코 구슬뜨기

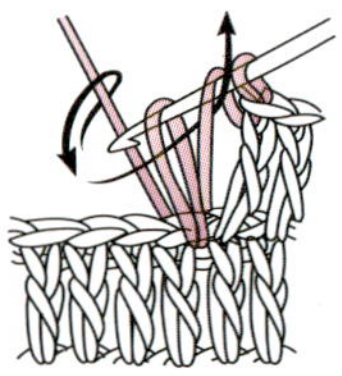

1 앞단 코에 미완성 한길긴뜨기를 1코 뜬다.

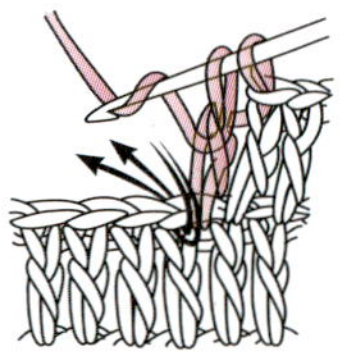

2 같은 코에 바늘을 넣어서 미완성 한길긴뜨기를 계속해서 2코 뜬다.

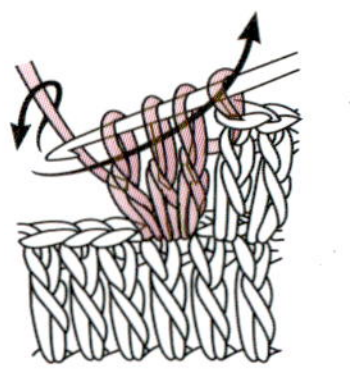

3 바늘에 실을 걸고 바늘에 걸려 있는 고리 4개 안으로 한번에 빼낸다.

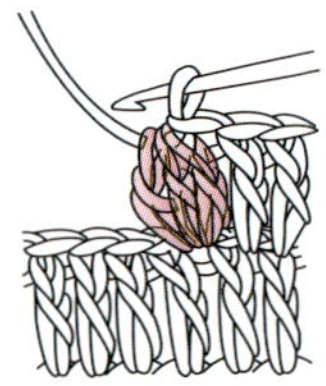

4 한길긴뜨기 3코 구슬뜨기 완성.

(9) 되돌아 짧은뜨기

되돌아 짧은뜨기

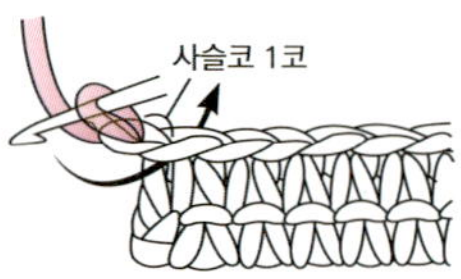

1 바늘을 화살표처럼 앞쪽으로 돌려서 머리를 줍는다.

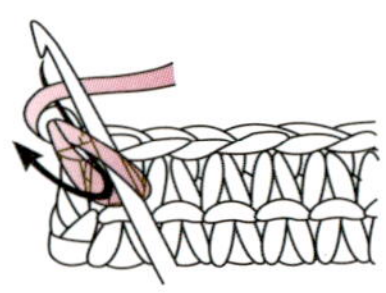

2 바늘에 실을 걸어 화살표처럼 끌어낸다.

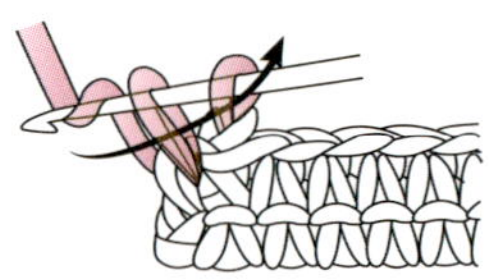

3 바늘에 실을 걸어 2개의 고리 안으로 빼낸다.

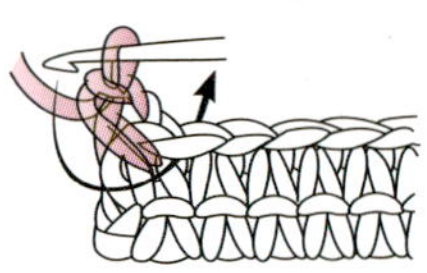

4 1~3을 되풀이하며 왼쪽에서 오른쪽으로 진행하면서 뜬다.

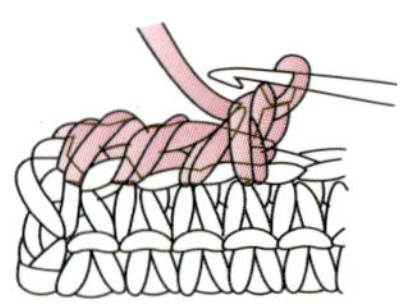

5 완성된 모습.

(10) 짧은뜨기 이랑뜨기

짧은뜨기
이랑뜨기

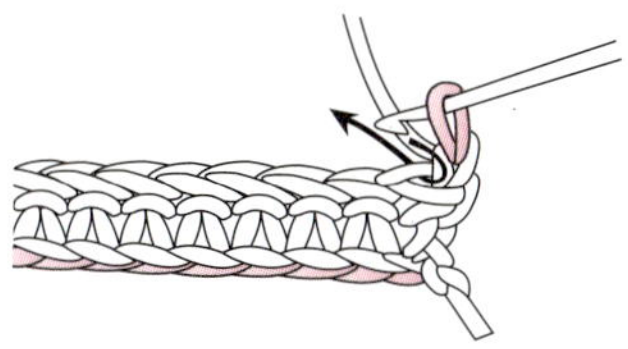

1 앞단 코의 뒤쪽 반 코에 화살표 처럼 바늘을 넣는다.

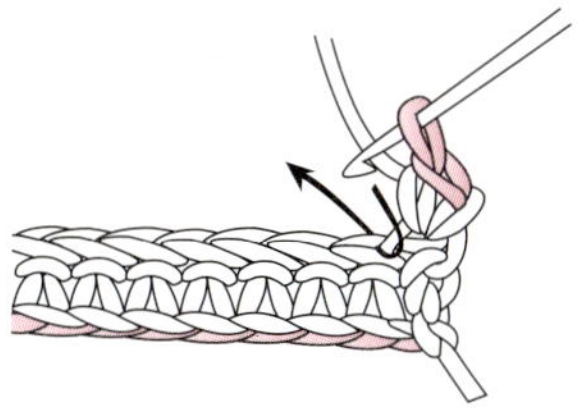

2 짧은뜨기를 하고 다음 코도 마찬가지로 뒤쪽 반 코에 바늘을 넣는다.

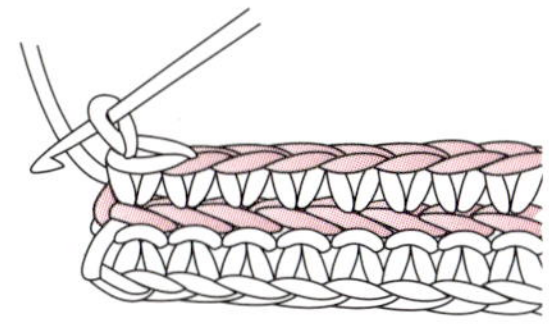

3 끝까지 뜨면 뜨개바탕 방향을 바꾼다.

'짧은뜨기 2코 모아뜨기 이랑뜨기'도 같은 요령으로 뜬다.

'짧은뜨기 2코 늘려뜨기 이랑뜨기'도 같은 요령으로 뜬다.

짧은뜨기
이랑뜨기

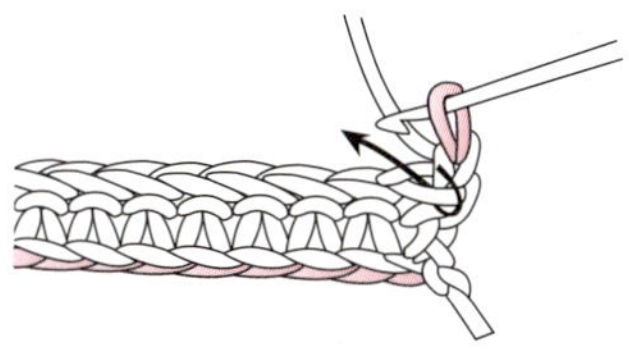

앞단 코의 앞쪽 반 코에 화살표처럼 바늘을 넣어 뜬다.

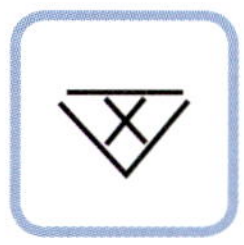

'짧은뜨기 2코 늘려뜨기 이랑뜨기'도 같은 요령으로 뜬다.

(11) 겹짧은뜨기

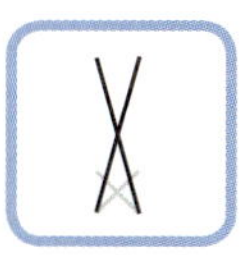

겹짧은뜨기

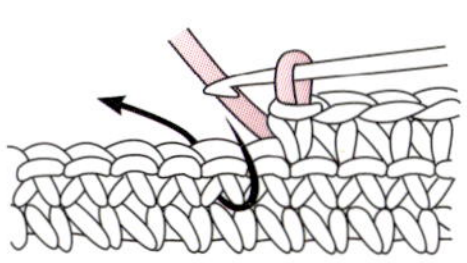

1 하단 아래 코에 화살표 방향으로 바늘을 넣어 실을 감아 뺀다.

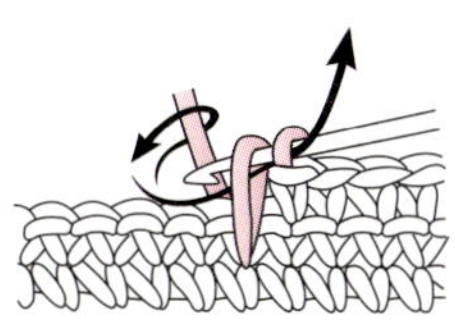

2 바늘에 실을 걸고 고리 2개 안으로 한번에 빼낸다.

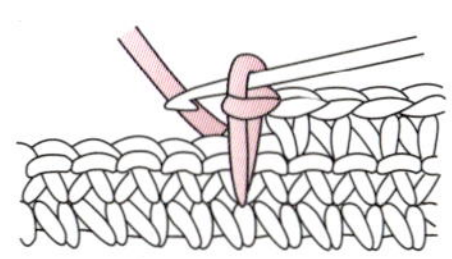

3 겹짧은뜨기 1코 완성.